丛书编委会

总　策　划：来新国　王文成

编委会主任：郭齐勇　周晓亮

编　　　委：来新国　陈知涯　张　彧　尹格韬　沈　众

王文成　孟淑贤　周长志　罗养毅　秦　丹

乌　琛

大家精要

培 根

戴建平 著

陕西师范大学出版总社

Bacon

图书代号 SK16N1400

图书在版编目（CIP）数据

培根/戴建平著. —西安：陕西师范大学出版总社
有限公司，2017.1（2024.1重印）
（大家精要）
ISBN 978-7-5613-8706-1

Ⅰ．①培… Ⅱ．①戴… Ⅲ．①培根（Bacon, Francis 1561—1626）—传记 Ⅳ．①B561.21

中国版本图书馆CIP数据核字（2016）第271382号

培　根　PEIGEN

戴建平　著

责任编辑	陈柳冬雪	
责任校对	陈君明	
封面设计	张潇伊	
出版发行	陕西师范大学出版总社	
	（西安市长安南路199号　邮编 710062）	
网　　址	http://www.snupg.com	
印　　制	永清县晔盛亚胶印有限公司	
开　　本	650 mm×930 mm　1/16	
印　　张	10	
字　　数	100千	
版　　次	2017年1月第1版	
印　　次	2024年1月第2次印刷	
书　　号	ISBN 978-7-5613-8706-1	
定　　价	45.00元	

读者购书、书店添货或发现印刷装订问题，请与本公司销售部联系、调换。

电话：（029）85303879　　传真：（029）85307864　85303629

目　录

弗朗西斯·培根

　　弗朗西斯·培根（1561~1626）是世界史上最伟大的思想家之一，是人类现代思想的主要奠基者。按照历史学家的一般说法，欧洲现代思想的历史开始于 17 世纪，也就是说，在这个世纪发生了伟大的现代思想革命。一方面，发生在物理学、天文学等领域内的伟大的"科学革命"革新了人类对宇宙自然的认识；另一方面，在思想方法领域，哲学家们也进行了全新的探索。在这一人类历史上最重要的思想革命中，出现了一位又一位伟大的天才，既有伽利略、开普勒、波义耳、牛顿这样的科学巨匠，也有笛卡儿、霍布斯、洛克、斯宾诺莎这样的思想巨人。他们像一颗颗的巨星照亮了那个世纪，也照亮了几百年来的人类现代历史。因此，史学家称这个世纪为"天才的世纪"，正如恩格斯所说，这是一个"需要巨人而且产生了巨人——在思维能力、热情和性格方面，在多才多艺和学识渊博方面——的时代"。

　　在那些伟大的人物中，培根的名字同样光辉四射。他被历史学家誉为"现代最强有力的人物"，"摇着铃把睿智之士召到一起"，引领人类开创新的世界。他是旧时代的终结者，以犀利的笔锋大胆抨击传统的思想观念，号召在知识和思想领域内进行彻底变革；他是伟大的预言家，以热情奔放的文字来描绘未来的理想蓝图；他是伟大的哲学家，是公认的欧洲现代哲学的主要奠基者，现代经验主义之父；他是伟大的文学家，他的《论说文集》直到现在仍为人们反复阅读，被认为"堪与莎士比亚的诗歌齐名"；他是那个时代英国第一流的政治家和演说家，凭着自己的能力最终成为英国的大法官；他是一位优秀的历史学家，其历史著作被誉为"史学著作的楷模"；他是一位优秀的律师，并在教育学、法学、心理学、自然科学等领域都有重要的贡献。

培根被誉为现代工业时代的催产士，提出"知识就是力量"。他鼓励人们抛开旧观念，把公认的看法束之高阁，重新考查所有的知识。他强调实践出真知，观察、实验高于一切。他强调一切知识理论要有实用价值，对任何空话都不能容忍。他是现代科学的鼓吹者，虽然自己不是伟大的科学家，却把科学家视为未来社会的统治者。他否认亚里士多德能为人类带来真正的知识，但却被后人誉为"现代亚里士多德"。

这位中等身材、褐色眼睛、卷头发的英国人虽然在人格上有一些缺陷，但他一生始终坚持的怀疑主义却健康积极，犹如一阵清风吹扫着当时知识界、思想界的沉闷风气。他无情地敲打神学家和经院学者，严厉地警告他们不要插手科学的问题；他也毫不客气地抨击人文学者，指责他们仅仅关注文艺风格，毫不关心现实问题。他不能容忍当时人们沉迷于占星术和炼金术，将之斥为虚妄幻想，他一生都与这些虚妄的东西作斗争。在其一生中，他始终都感到一种奉献的动力，竭力向自己的国家、人民乃至全人类奉献自己的才华。他说："我感到自己生来就是为全人类服务的。"他一生追求不懈的目标就是通过教会人们正确地思考而使他的同代人及后代人受益。

有人说，这位伟大天才的心灵就像一颗钻石，光彩夺目。一位画家在绘制了培根的肖像画之后，无奈地说："谁能描绘出他的心灵呢？"培根超人才华的一个表现就是他几乎能在任何话题上进行最机智风趣的谈话。他和乡间的地主一起谈鹰和狗，使得那位地主兴奋异常，他也能使伦敦的绅士大笑不止。他是天生的演说家，培根晚年的朋友本·琼森回忆说："他的语言高贵严谨。没有人比他更简洁、更有力。他没有一句废话，说话从不散漫。他的言说没有一句没有魅力。……他的听众不敢咳嗽，不敢旁视，一直专心致志。所有听他演讲的人都唯恐他停下结束他的演讲。"他文笔犀利，佳句连篇。他的著作几乎从头到尾都是格言警句。

然而，人无完人。这位伟大的天才虽然获得广泛的崇敬，却也引起了持久的争议。他对科学抱有真诚的热情，但却不能接受哥白尼的理论，并错误地嘲笑伽利略的成就。他甚至并不了解他那个时代的大多数科学成就。此外，关于培根争议最大的是他的人格。到了 20 世纪，专门讨论其人格的著作已经有几百部之多。著名哲学家卡尔·波普说他是"人间最机智、最聪明、最卑鄙的人"，有人说他是"堕落的天使"，有的人则为他辩护，说他的错误属于他的时代，而他的伟大则属于自己。有人嫌恶他忘恩负义，也有人蔑视他谄媚权贵。他一生负债累累，却始终铺张奢华。他是大法官，却因为受贿而下台。他是真理的探索者，也是官场上的钻营者。很多学者都认为，培根的人生和他的著作一样引人深思、富有教益，如果只读他的著作，而不了解他的人生，同样会错过极为精彩的内容。这位奇特的人物究竟是怎样的一个人呢？

第 1 章

培根的生平

一、儿童时代

培根的父亲、母亲

    1561 年 1 月 22 日，弗朗西斯·培根出生于伦敦沿河路的约克府。约克府是培根父亲的官邸，培根童年的一部分时间就在这里度过，另外一部分则在他父亲位于赫拉福德郡的家中度过。他的父亲尼古拉·培根爵士是当时英国宫廷重臣——伊丽莎白女王的掌玺大臣。1527 年尼古拉毕业于剑桥大学，在巴黎待了一段时间之后，进入格雷律师学院学习法律，1533 年成为律师。在修道院被解散时，亨利八世赏赐给他几块地产，其中包括高阑城，他后来在这里建起了一座住宅，为他的小儿子弗朗西斯·培根所继承。

    尼古拉在亨利八世时就位居检察长，并担任格雷学院的财务主管。到了玛丽女王时代，由于尼古拉的新教背景，因此为亲近天主教的女王所排斥。及至伊丽莎白登基之后，尼古拉被任命为掌玺大臣，并获授爵士。尼古拉因其卓越的能力而成为上院的主席。1559年，他又获得了大法官所具有的司法权。虽然尼古拉曾因伊丽莎白的怀疑而短暂失宠，甚至一度被开除出法庭，但误会不久就宣告解除，尼古拉不但官复原职，还得到了伊丽莎白更深的信任，以至于女王常常到他的家中做客。正如培根的朋友牧师劳莱博士在《培根传》中所说，尼古拉也是声名显赫的人物，但由于儿子的声望太大，父亲反而变得默默无闻了。尼古拉爵士是一位才华出众的演说家、优秀的律师、明智的政治家，也是一位热心人，因为渊博的学识而在当时享有盛誉。他结过两次婚，第一次婚姻为他带来了三个儿子和三个女儿；他的第二位夫人安妮·库克为他生了两个儿子，大儿子安东尼，小儿子弗朗西斯比安东尼小两岁。

安妮夫人是尼古拉的第二位妻子，安东尼·库克爵士五个女儿中的一个。库克爵士让自己所有的女儿都接受了系统的古典教育。当时，家庭事务通常会占据普通妇女的绝大多数时间，我们可以举一个有趣的例子来说明这一点。当时有一位彼得爵士，似乎有点嫌弃自己的妻子，说她缺乏高雅的风度，他的妻子马上激烈地回答说："是的，我很清楚这一点。我每天的工作就是要照看牛场和家禽，盘算家里有多少开支，要为姨妈的长毛狗梳理。到了晚上，我还要绘制褶裥的花样，再为姨妈读一段布道词，然后要照顾父亲睡觉。"培根的母亲显然不属于这样的家庭妇女之列。她是当时英国最有学问的女性之一，精通希腊语、拉丁语、意大利语和法语，据说她曾协助父亲一起指导过国王爱德华六世。她的学问使她成为同样博学的伊丽莎白女王的首席宫廷女官，成为当时地位最显赫的女性。安妮夫人的另外一个特点就是她是一位虔诚的清教徒，她翻译的约威尔主教的《英国国教的申辩》一文，文辞流畅、优雅，在当时曾产生重大影响，曾一度被推荐为新教徒的必读书。安妮夫人是相当独特的女性，有人这样描述她："她在神学上是个加尔文主义者，在性格上是个清教徒，在气质上是个狂热者，在学问上是接受各种学派的哲学、神学学说的思想家。"

培根的儿童时代

出生于这样的家庭无疑是幸运的。妈妈很疼爱生来体弱的培根，她精心地照顾他、陪伴他。在一位家庭教师的帮助下，安妮夫人监督着小培根的教育。因此，受妈妈的影响，培根的学习内容主要以希腊语、拉丁语、法语和意大利语著作为主。在文学上，这些教育为培根在日后和他的同代人莎士比亚一起成为伊丽莎白时代英语文学的两位巨擘奠下了基础。除了这些内容之外，培根还受到政治氛围的持久熏陶。他父亲的府第中经常会有同僚来访，他们一起讨论各种政治、法律、经济、外交等问题。这些重要的政治人物自然讨论政治问题，而小培根就站在他们身边。耳闻目睹，使培根对大人们讨论的政治话题颇有领悟，并逐渐渗透到他的心灵深处。从培根的一生来看，也许是父亲造就了培根在政治上的雄心抱负，而母亲则给了培根思想学术上的滋养。作为政治家，培根走的是父亲走过的路；而作为作家、学者和哲学家，培根应该感谢母亲从小潜移默化的影响。

培根从小就喜欢探索各种事物，并显示出超出他年龄的不寻常的智力。据说伊丽莎白女王喜欢称培根为她的"小掌玺大臣"。有一个小故事能表明培根的机灵。在他七岁那年，父亲带着他到宫廷里，伊丽莎白女王问他："孩子，你几岁了？"他马上回答说："比陛下的幸福统治要年轻两岁。"这让女王非常开心。因为他从小就展示出不凡的智慧，加上他生长环境的熏陶，很多人都觉得，稚嫩的培根将来肯定要成就非凡的事业。更让人们惊讶的是，小小年纪的培根竟然热衷于探索声音的规律，特别是他试图去发现声音共鸣的原因。很多这样的事例预示了他超乎常人的智力和天才；而他的家庭氛围正是培育和发展这种天才的肥沃的土壤。

二、求学

问学剑桥

在 1573 年，年仅 12 岁的培根和他的哥哥安东尼一起被送入剑桥大学的三一学院。剑桥大学是英国最古老、最有名的大学之一，在全世界一直享有盛誉。但培根进入大学后不久就对剑桥大学的教学内容感到不满，因为仅仅传授故纸堆里的知识完全不能满足他的探索和进步的需求。很快，他宣布了对亚里士多德学说的厌恶，认为它"内容空洞，对人类没有任何实际用处"。对于这一点，劳莱回忆爵士曾对他说，当他在大学读书时期，他首先对亚里士多德的哲学越来越感到不满：并不是认为作者本人毫无足取——他对他总是给予崇高的评价的；而是由于他的"道"是无效果的。亚里士多德的"道"作为一种哲学（爵士时常这样说），只是长于辩驳和争论，却简直不能产生为人类生活谋福利的实践效果；他一直到死的时候还是保持着这个看法。

当时，少年培根的这一勇敢宣言可能让人惊讶，但不会引起什么人的同情。培根认为，如果有着敏锐和强有力的智慧、大量的闲暇，却把所有的时间和精力都用于少数几本书上，那么他们的才智就会受到这些书的作者的禁锢，其中包括亚里士多德，正是这位古代的学者一直统治着他们的头脑。在培根看来，这些知识尽管织成一幅也许是精细美妙的网络，但对人类的实际事务却是没有一点点的用途。培根对亚里士多德学说的态度在当时是让人震惊的。要知道，亚里士多德可是一千多年来多少学者们崇拜的偶像啊！但是培根天生就不是崇拜偶像的人！这一点正是培根日后能有伟大成就的主要原因。不仅大学里教授的亚里士多德学说不能使培根满意，实际上当时大学里传授的很多教条都已经不能束缚培根的思想。尽管现在我们对培根这个时期的生活所知甚少，但历史学家们根据有限的证据推断，那时的培根就已经构想了他未来的奋斗计划。

　　在他就读于剑桥的日子里，他对自然哲学的兴趣日益增强。在他离开的时候，他已经坚定地相信，"英格兰的大学教育极其糟糕"。也许正是当时知识的贫瘠使得培根下决心要将其引向对人类福祉有意义的道路，因此似乎培根应该选择哲学作为他一生主要的职业。但是，培根却决定从事政治，走他父亲的道路。对于这一选择，培根本人曾有过自白：

　　　　我既然确信自己生来是为人类服务的，并把关心公众幸福当成我的义务——那些义务涉及公民权利的，就犹如水和空气，人人都该享用一样。于是我自问，什么能最有利于人类，哪种工作看起来适合我的天性。经过一段一番审视，我发觉技术和发明最有助于人类生活进入文明，没有别的工作比它们更富成效的了。……最主要的是，如果一个人能够在自然界燃起一盏明灯，这盏明灯初燃时，照亮的是人类发现的当下疆界，当它升得更高后，便将黑暗中的每一角落、每一隙缝清晰地呈现于我们的眼前。在我看来，这样一个发明家应理所当然地被称作人类王国在宇宙中的拓展者，人类自由的斗士，是消灭禁锢人类的种种必然性的人。

此外，我发觉自己的天性特别适合于对真理进行沉思默想。因为我的头脑能一下子就掌握重要对象之间的共同性，同时也能够足够沉稳和凝神仔细观察那些不同之物的细微差别。我热衷于研究，冷静于判断；乐于沉思，慎于同意；敏于纠正错误的印象，严于整理纷杂的思绪。我既不沉迷于猎奇，也不盲从于好古，且对各种欺诈深恶痛绝。由于这些原因，我认为我的天性和气质与真理好像有缘。

但我的出身、我的教养统统把我引向政治，而不是哲学：我似乎从小就浸染在政治中。犹如许多年轻人常常遇到的情况，我有时也因不同的意见而思想上有所摇摆。我也想，我对国家的职责向我提出了特别的要求，这不是生活中其他职责所能驱使的。最后，我怀有这样一种希望，如果在政府中谋得一个体面的职位，我就可能为完成我命中注定的使命，获得帮助和支持以便对我的工作助一臂之力。由于以上动机，我投身于政治了。

在法国学习外交的经历

1576 年，年仅 15 岁的培根离开剑桥。尽管他在剑桥生活学习了三年，但他并没有去争取一个学位。他和他的哥哥后来进入格雷公会（Gray's Inn，或者译为格雷律师学院）学习法律。

格雷公会是英国四大律师公会之一，起源于中世纪。在英国，要想成为律师，一定要加入这四个律师学院中的一个，否则很难进入英格兰的律师行业。培根和哥哥安东尼能够进入格雷公会，主要是因为父亲尼古拉曾是格雷公会的重要成员，也是英格兰的大法官。不久培根就去了巴黎。他的父亲让他跟随阿姆亚斯·鲍莱爵士学习政治外交方面的事务，希望出任英国驻法国大使的鲍莱爵士能给培根以事业上的教导。看来父亲是完全想让自己的这两个儿子重复自己的道路，先进入剑桥学习古典学科，然后到格雷学院学习法律，接着去法国学习外交。毕竟对于父亲来说，这条道路是他最有把握能保证儿子们成功的道路。在法国期间，培根很快就展示出出众的外交才华，似乎一切都在预示着他将拥有一个成功的政治生涯。

值得一提的是，在法国期间，培根还发明了一套密码——写作系统，这一写作方式后来在社会上获得广泛的影响，特别是人们据此推断培根以莎士比亚为笔名写出了那些伟大的文学经典，引起了热烈而持久的争议，直到现在仍然是人们争论纷纭的热门话题。也许培根并非莎士比亚，因为他发明这套写作系统是为了在他的外交生涯中使用，不一定是为了创作文学作品。

在法国的经历增长了培根的见识，也使他更加成熟起来。在那里，他跟随使团去了布卢瓦、图尔以及普瓦捷。其间培根耳闻目睹了很多重大事件，包括奥地利大公和苏格兰玛丽女王合谋侵犯英格兰，教皇和西班牙联合支持葡萄牙进攻爱尔兰，法国内战，等等。这些事件教给培根完全不同于大学和律师学院所传授的知识。正是他在法国期间自己的祖国和伊丽莎白女王所遭受的这些重大威胁，使得培根的内心生发出强烈的爱国主义情感和忠诚。他的宗教方面的信仰也慢慢地更具政治色彩，不再只是精神上或神学上的信仰。

当然也有的学者指出，培根这两年多的政治学习生涯对他的道德观念产生深刻影响。他的父亲希望为培根提供机会以把他引入在外人看来相当神秘的外交和政治事务当中。但是政治和外交中充满了尔虞我诈。女王在国内撒谎，她的大臣们则在国外骗人，当然一般是为了国家利益。这些实际的政治和外交事务教给培根的东西，完全不同于他在书本上所学到的。所以，有的学者猜想，培根过早涉入外交也许对他的道德品质带来不好的影响。他认识到外交是为国家服务，但为了达到这一目的，却有很多手段，不管是好是坏。

三、青年时代的奋斗

父亲之死对培根的影响

不幸的是，正当培根在法国旅行期间，突然收到父亲因伤寒去世的噩耗，他匆忙赶回英国。父亲的突然辞世将培根推入困境之中，因为他的父亲几乎没有给培根留下任何遗产，而是把巨额的财产都留给了他和前妻所生的三个儿子以及培根的同母兄弟安东尼。老培根也是一名律师，这位掌玺大臣总是很乐于为其他人起草遗嘱，唯独自己的遗嘱没有准备充分。虽然尼古拉原本打算用一大笔钱来为最心爱的小儿子购置一份田产，只是还没有实现就突然撒手人寰。这样一来，他最喜欢的儿子，年仅18岁的培根，刚刚成年就不得不独自面对艰苦的生活现实，而不能像其他兄弟姐妹们那样继续过着衣食无忧的生活。

巨大的生活压力有可能是彻底改变培根人生轨迹的重要原

因。本来身为掌玺大臣的公子，他有充分的自由与机会来选择自己心仪的事业。他拥有罕见的天赋，受到周围人的夸奖和鼓励；他出生于富贵家庭，从来没有担心过生计，因此在父亲去世之前，培根从来没有认真考虑过从事学术和哲学追求以及政治之外的职业，他把这些职业视作是获得荣誉、名望的途径，而不是谋生的手段。但是现在，用他自己的话说，他"不得不思考如何生存，而不是生存是为了思考"。他在格雷律师学院的微薄收入已经无法保障他的生活。他写信给他的姨父伯莱爵士求助，但这位身居高位的长辈丝毫没有帮助培根的意思，因为他只关心自己儿子的前途，对于这位才华出众的外甥，他不仅没有怜悯，而且还充满了嫉妒，害怕他成为自己儿子的竞争对手。但培根似乎并不知道这一点。他当时多次写信给伯莱爵士和夫人（培根的姨母）来寻求帮助，希望他们凭借地位和声望为自己谋得一份差事。培根在信中显得极为谦恭，甚至有点卑下。

但培根并没有将希望完全寄托在外人的怜悯之上。他一边四处求助，一边在格雷学院发奋攻读法律，因为他从小受到的教育以及他的职业方向都与法律相关。经过刻苦的努力之后，培根很快就获得了律师资格。命运的嘲弄对于有着坚强性格的天才来说，也许是一份宝贵的财产，因为天才总是从逆境中吸取成长的养料。父亲的死使得培根变得更加独立和坚强。对于这一点，培根自己有着清楚的认识，正如他在《论说文集》中所说的，"子女中那种得不到继承权的幼子，常常会通过自身奋斗获得好的发展。而坐享其成者，却很少能成大业"。

培根选择事业时的矛盾

不过，培根在性格上并不完美。他一方面感到自己"更加适合书本而不是政治"，但是学者的平淡生活却并不能满足培根的要求。他最终的目的是"统治自然"，这种具有强烈控制倾向的性格来自于他少年时期受到的政治家们的熏陶，因此，在培根的心目中，不论是政治还是哲学，都不能与实际事务割裂。他说："只有愚笨之人才会谦虚。"他清楚自己的能力，想使自己的力量服务于自己的祖国和人类，但是他希望的不仅仅是从服务中获得的快乐。他想要的不仅仅是力量，而是力量带来的壮丽境界。这种渴望与生俱来，并始终驱使着培根，甚至使他走上邪路。在思想上，他远远高于那个时代，但在道德上，他却是一个普通的伊丽莎白时代的政客。他是一个投机家，也是一个爱国主义者，既是一位学者，也是干练的公务员，既是一个自我主义者，也是一位利他主义者。

因此，培根既执着地追求真理，又几乎是不择手段地追逐权力，这构成他一生的主要轨道。他确信自己不会仅仅满足于做一名律师，而是应该谋取更高更重要的职位。1586 年，他成为格雷律师学院的资深律师，有资格在威斯敏斯特议会上进行申诉。但几年过后，提升的机会对他而言仍显渺茫，这时的培根已经认识到他的姨父伯莱不可能给他任何实质性的帮助，逐渐变得心灰意冷，打算放弃仕途，从事自己原本喜欢的学术研究。这从他 1593 年写给伯莱的信中可以看出。培根在信中说：

> 我岁数已经不小了；三十一岁虚度很多时光。……我一向希望尽忠于女皇陛下，因为生逢英主，自无不愿竭力效忠之人。……同时我的家境寒微，确实使我为难；因为我虽毋须以浪费或懒惰自咎，但我的健康却经不起消耗，而我的前途也不能专以发财为目的。
>
> …………

最后，我承认我在默思着一个巨大的目的，犹如我有一些不平常的公民的目的一样：因为我已经把一切知识当作我研究的领域；如果我能从这领域里把两种游民清除出去（一种人以轻浮的争辩、互相驳斥和废话，另一种人以盲目的试验，用耳闻目睹的传统和欺骗的手法造成了很多的损害），我认为我能带来一些勤勉的观察、有根据的结论和有益处的发明与发现；这样，就是那个领域中最好的情况。这个希望，不管是好奇心也好，虚荣心也好，天性也好，或者（如果人们善意视之）仁慈也好，已经深刻地印入我的心中而不能忘怀了。

四、培根、埃塞克斯与伊丽莎白女王

结识埃塞克斯伯爵

就在培根感到绝望的时候，他结识了埃塞克斯伯爵。埃塞克斯是当时政坛上升起的一颗新星，以让人吃惊的速度获得了女王伊丽莎白的垂青。伊丽莎白女王终生未婚，据说死时还保持着处子之身。不过既没有丈夫也不喜欢宠物的伊丽莎白一生有几个情人伴随左右，她需要他们来满足她情感上的需求。海军上将莱切斯特伯爵曾是女王的情夫，在一次获得战争的胜利之后他将年仅19岁的埃塞克斯带入宫廷。埃塞克斯是莱切斯特的继子，他英俊、勇敢而坚毅，对朋友和追随者慷慨大方，颇具中世纪骑士的英武风度。自从他出现在宫廷之后，就深深吸引了老女王的芳心。后来，在莱切斯特伯爵死后，年轻的埃塞克斯伯爵成为女王的新宠。

但是，年轻的埃塞克斯也有很多缺点。伊丽莎白的宫廷之中充满了阴谋和狡诈，而埃塞克斯率真的性格在为他带来宠爱的同时也将他置于各种危险之中。特别是，任性的埃塞克斯很难把握性情古怪、多疑善变的伊丽莎白女王。一方面，埃塞克斯要忍受老女王枯瘦双手的爱抚，同时他还需要忍受这位老女人的反复无常的恶劣脾气。今天伊丽莎白可能把埃塞克斯当作自己的情人，充满柔情蜜意；第二天就可能要求他像其他朝臣一样顺从、谦卑。有时她会答应他很多放肆的要求，但有时又会拒绝他很多合理的建议。因此，埃塞克斯伯爵和女王之间的关系就像天气一样，阴晴难测。不过总的来说，那位古怪精明的老太太还是相当喜欢他，尽管他只有 25 岁，可他极有魅力的人格使他在老女王的心目中占有重要的地位。

　　此外，埃塞克斯尤其不会处理与对手们的关系，显得忌妒、多疑而偏执。财政大臣伯莱是培根的姨父，多年来一直是伊丽莎白女王相当倚重的大臣，是宫廷中稳健持久的实权派。这时，突然崛起的埃塞克斯成为他政治上的一位对手。在培根看来，姨父伯莱保守狭隘，在父亲死后几乎没有为自己提供任何实质性的帮助，甚至认为自己年少轻狂，毫不欣赏自己的思想和才华；而埃塞克斯却是一个积极上进的青年，有着大胆冒险的精神，并且很欣赏自己的才能。老伯莱并不拥有让培根敬佩的心智和人格，而他却不得不长期乞求伯莱的怜悯与帮助，这已经使培根产生了发自内心的厌烦。他不愿意再去低三下四地向这位贵戚乞求，不愿意再在一个在智力上让自己蔑视的庸人面前摇尾乞怜。这时，年轻的埃塞克斯出现在他的面前，并迅速引起了他的强烈好感。埃塞克斯异常慷慨热忱，乐于为自己的朋友提供无私的帮助。他的身上几乎集中了伊丽莎白时代所有优雅的风度和人格魅力。唯一的遗憾是他在获得巨大成功之后不知道如何控制自己的行为和思想。他的缺点与培根的缺点正好相反：培根无法在逆境中保持自己的品质，而埃塞克斯却是因为成功而变得刚愎自用和任性冲动，并最终导致了他的毁灭。

国会补贴金事件

本来有了埃塞克斯的帮助，培根的仕途会有所转机。有一件事却再次为培根的政治生涯蒙上阴影。1593 年 2 月国会召开会议，目的是筹措一笔资金用于对抗西班牙对苏格兰的阴谋。下院的代表已经认可了这一需要，并投票提议划拨两份补贴，而不是通常的一份。但是财政大臣伯莱伯爵认为这还不够，他不仅要三份，而且还宣布补贴的数额要由上院来决定。伯莱的这一要求直接挑战了属于下院掌管的职权，无疑会破坏上院、下院各司其职的秩序，并进一步影响皇室和议会之间的权力分配，最终会对国家的管理与统治带来不利影响，而这是培根所不希望看到的。因此培根对伯莱的这一要求提出了坚决的反对。后来政府不再坚持召开上院会议进行讨论，但仍然要求在四年内支付三份补贴，而不是原来决定的六年。培根再次提出反对意见。他的理由是：这些补贴主要来自课税，如果缩短支付的期限，那就意味着在更短的时间里征收同样数额的税金，这无疑会加大国家和纳税人的负担。特别是，这样做还会开创一个危险的范例，除非明确把它作为一个特例来安排。然而下院对这样一个结果早已感到满足，只有培根一个人仍然固守反对意见。

培根在这件事上的表现是值得称颂的，但却为他的前途设置了新的障碍。尽管培根在议会上慷慨陈词，充分展现了他作为演说家的卓越禀赋，可是对于伯莱以及伯莱背后的伊丽莎白女王来说，他却是显得那样让人厌恶。如果女王受到的反对来自某位重臣，她有时不得不忍受下来，但如果是来自一个像培根这样的想在政府中谋求职务的、没有什么资历的年轻人，那就要予以严惩了。于是，愤怒的伊丽莎白女王下令禁止培根出现在自己在场的场合。也就是说培根被禁止与女王见面。这对谋求宫廷职位的培根来说不啻是最大的惩罚。正在这时，一个重要的职位出现了空缺，而从这个职位很容易升迁至检察长的位置。这时培根求助于他的表兄弟，也就是伯莱的儿子托马斯·塞西尔爵士，请他向伯莱说情，而埃塞克斯也为培根在女王面前多次求情，使得女王极为不耐烦。这时培根写了封信给伯莱，尽管还没有道歉的意思，却也为他的行为对女王造成的影响表达了遗憾。有一段话表明他从这个事件中吸取了教训：如果他以后不能给王室的政策毫无保留的支持，他顶多弃权，不会再发表让人不快的评论。

困境中的培根及埃塞克斯的帮助

培根的这些努力逐渐产生了效果，女王慢慢改变了对培根的厌恶态度，不过培根仍未能获得检察长的位置。他的竞争对手是阴险狡诈的爱德华·考克。考克也是一位杰出的律师，为了达到目的可以不择手段。在补贴金的问题上，作为下院的发言人，他曾动用他所有的影响来支持政府的那些决定，与培根形成鲜明的对比。爱德华·考克是培根一生的敌手，而检察长职位的争夺不过是他俩斗争的开始。在第一次较量中，考克获得了胜利，如愿以偿地当上了检察长，而培根只好另谋出路。这时，副检察长出现了空缺。培根再一次提出申请，一年多的等待之后，这一职位再次旁落。

随着这些希望的一再落空，培根开始显得捉襟见肘，度日维艰。他陷入了严重的债务危机，因为他的收入完全不能保证他现有的生活，这在一定程度上是由于培根自己的奢侈铺张所致。安东尼变卖了一处地产来帮助他，但是同样花钱大手大脚的安东尼自己的经济状况也相当糟糕。兄弟俩从小就铺张浪费，在格雷公会学习期间，他们的母亲就常常为此批评他们，告诫他们不要总是像其他纨绔子弟那样挥金如土。但母亲的劝告没有产生什么效果，兄弟俩一生都没有改掉这一坏毛病。即使陷入债务危机，培根也不会放弃自己的生活习性。这时，埃塞克斯雪中送炭，极为慷慨地赠予培根一份价值 1800 镑的地产，这在当时是相当可观的。埃塞克斯说："你陷入困境我也有责任，因为你选择了我来获得帮助；你为我花费了很多时间和精力。如果我不能为你做点什么，我会难过死的。所以你不要拒绝我赠予你的这份地产。"培根犹豫了一段时间之后，接受了这份厚礼，心中充满了感激之情，把自己称为埃塞克斯的"封臣"（homager，宣誓效忠的臣属）。培根写信给埃塞克斯说："您知道在法律上宣誓效忠意味着什么吗？那就是始终对他的国王和领主保持忠诚；因此，我的领主，我更多地属于你而不是我自己，所以一定要保持对您的古老的忠诚。"

1597 年，培根发表了《论说文集》。这部影响广泛的著作很快树立了培根在文学上的声誉，被翻译成拉丁语、意大利语和法语。第一版《论说文集》只包括了十篇随笔，并于第二年重印。这部作品向世人宣布，尽管培根在官场上的追逐没有获得任何成功，但他在文学上的成就足以证明他的才华。

随着培根与埃塞克斯越来越紧密地绑在一起，他越来越怀疑自己是否找到了一个理想的恩主。虽然埃塞克斯曾帮助过培根，但以他的性格和能力，似乎不是一个能够长久指望的人。而且作为一个政治家，埃塞克斯显得过于刚愎自用。加上实际生活中的其他一些事情，培根越来越感到失望。他写信给埃塞克斯说："我打算不再从事法律方面的工作了……因为这种工作太耗费时间，我想把时间献给更重要的事业……对于阁下，我确实认为我负有的义务比对其他人负有的义务更多。并且我思忖自己不过是一个普通人（不是广受欢迎的人，只是普通人）；一个守法的普通人，就像阁下也会做的那样。"

失望归失望，这时的培根还得依靠埃塞克斯。接下来培根在与考克的争夺中再次失败。由于培根不满足于仅仅当一名律师，因此对于自己的本职工作，他并不很投入。这样的直接结果就是他没有足够的收入。尽管他现在在文学上已经获得一定的名声，但他的财富并没有随之一起增长，他的律师职业几乎没有赚到钱。为了改善自己的经济状况，培根竟然指望婚姻来使自己摆脱窘境。他的目标是追求已故克里斯托佛·哈顿爵士的遗孀，她年轻充满活力，且继承了丰厚的遗产，这份遗产可以大大改善培根的生活窘境。培根写信给埃塞克斯，希望得到他的帮助："尊敬的阁下，我写这封信主要是希望您能给这位淑女写封信，或者给她的父母；我丝毫不会怀疑阁下的恩情总会消融我的前途上的坚冰；所以在这件事情上，阁下的笔会给我提供同样的帮助。"培根觉得仅仅写信给哈顿夫人及其父母似乎还不够，于是他还敦促埃塞克斯要多管齐下："我还希望阁下能为我再给掌玺大臣修书一封，希望他能在阁下的推荐下为我提供一些机会，不管是我自己的律师职业，还是为女王陛下效力。"不幸的是，考克再次成为他的竞争对手。考克鳏居多年，且有六个儿子，因此和年轻一些的培根比起来，并无什么优势。但考克凭借自己的手段和地位，最终还是赢得了哈顿夫人及其财产。律师再次战胜了哲学家。不过，培根应该庆幸自己没有赢得这场胜利。因为考克和哈顿夫人的婚姻并不幸福。据说，哈顿夫人脾气暴烈，考克在精神上受到这位妻子的极大折磨，以至于如果他不拼命工作来忘却烦恼，那就只能以死来寻求解脱了。

埃塞克斯的衰落

培根并没有彻底放弃他最初的官场奋斗计划，将自己完全奉献给哲学的工作。他仍旧梦想着在宫廷里谋得一官半职。而年轻的埃塞克斯依然是他的希望所在，他必须为这位年轻的伯爵出谋划策，使他不会在女王宫廷内的种种斗争中迷失自己。

埃塞克斯在 1596 年非常成功地夺取西班牙的加的斯，在培根看来这未必是一件好事，因为可能会有一些人因为嫉妒他而成为新的敌人。当埃塞克斯从西班牙胜利归来，欢迎他的不是鲜花和荣耀，而是指责他的流言蜚语，他的成功和声望使他的对手妒忌而愤恨。而且更可怕的是，女王可能会因为他在军队和人民中持续增长的权势和声望而不再相信他。

于是培根写了一封长信给埃塞克斯，提出了一些重要的建议。他说，"要赢得女王，如果不这样的话，我看不出会有什么好的结果"；接着提出了各种办法，希望埃塞克斯能够注意自己的举止和行为。培根为埃塞克斯描述了对手会怎样利用他的公众声誉和军队中的名望来破坏他和女王之间的关系，并告诉埃塞克斯采取什么办法才能使女王消除对他的怀疑。

培根还提出了如何重获女王喜爱的策略。培根说："接下来，我想提请您注意的是，要避免模仿或效法莱切斯特伯爵和哈顿大法官的办法；但是我希望您能明白，如果您向陛下声言

（只要您能找到机会）他们是您的榜样和模范，也会大大有益于您和女王之间的关系（尽管我希望您和他们在性格、品行、喜好等多方面尽可能地有所区别），因为我不知道有什么更好的办法能使女王陛下相信您的做法是正确的。"培根批评了埃塞克斯奉承女王的方式，并提议了一个更好的办法："阁下您应该提出一些具体要求，表现出急切地、热烈地去做这些事，但要使这些要求不能得到满足，也就是说，要让女王反对或不喜欢你这样做，然后你再放弃。……或者提出一些不那么重要的要求，比如可以假装去旅行，在女王的要求下，你可以放弃；或者你借口自己要去看看在威尔士的亲人朋友或者地产，等等；但是国外的长途旅行或者公务旅行，则不适合提出。"

作为老师，培根显得老练、狡猾、世故，埃塞克斯却显得年轻、敏感，天生容易冲动，勇敢、坦率，喜欢直来直去，不喜欢拐弯抹角。所以，培根的这些建议与埃塞克斯的秉性之间还是有一定的差距的。几年之后，培根为自己辩护说，他在埃塞克斯身上花费了很多时间来研究如何能使他为女王和国家更好地效力，要远远超出了他花在其他事务上的时间，只是他的这些努力并没有产生什么效果。

培根让埃塞克斯注意自己行为和个性中危险的方面，但是并没有真正适合埃塞克斯的策略。无论是埃塞克斯的缺点还是长处，都不适合宫廷里的钩心斗角，他之所以能获得伊丽莎白女王的欢心是他大胆、独立的品质。他与伊丽莎白的特殊关系也给他带来不少麻烦，因为嫉妒霍华德勋爵和瑞雷爵士使他和女王产生了新的摩擦，而女王也一次次使他伤心失望。这使得埃塞克斯在 1597 年对西班牙的远征中无心恋战，最终以失败告终。而这加速了他在女王面前的失宠。埃塞克斯回国之后情绪低落，对自己的处境大为不满。实际上，这是最不明智的表现，已经落入对手们的圈套之中。

正在这时，爱尔兰的局势处于严重的动荡之中。休·奥尼尔，也就是泰龙伯爵，长期以来反抗英国强加给爱尔兰的束缚，他知道如何动用全国的力量进行战争，并且是一个精明、卑鄙的政客。泰龙伯爵掀起一系列反抗英国统治的武装叛乱，对整个国家的局势造成严重威胁。如果与他谈判成功有可能在国会中获得崇高赞誉，于是在 1598 年 3 月，培根建议埃塞克斯"特别注意一下这个问题"。谈判失败了。在新战役指挥官的任命问题上，埃塞克斯与女王进行了激烈的争吵，最后的结果是埃塞克斯本人受命指挥这场艰难的战役。实际上，在军事上比埃塞克斯优秀得多的约翰·诺里斯爵士已经在镇压反叛的战役中铩羽而归，只有对自己的能力有不切实际的幻想才能指望在这场战争中赢得荣耀。培根一再建议埃塞克斯不要再涉入军界，最好在其他方面谋取职位。培根后来也声称他曾建议埃塞克斯不要指挥爱尔兰的战争，而现存的书信则证明培根实际上鼓励埃塞克斯前往，尽管他指明了存在的巨大困难和危险，但也指出，如果获得成功将带来巨大的荣耀。这一点非常重要，因为我们从中可以看出培根对他的恩人到底是持什么样的态度。因为如果他鼓励埃塞克斯去如此冒险的话，那简直卑劣之极。有学者认为，培根之前还写了封信来劝阻埃塞克斯，但这封信已经丢失。

不管有没有之前那封信，我们还是可以相信，培根的观点并没有改变，他清楚对埃塞克斯的劝阻也不会起作用，所以尽可能地提出一些警告。他只是应邀写信提出建议，不是主动写信给埃塞克斯。他对自己给埃塞克斯提出建议的重要性不再有什么信心，因为之前的建议并没有为埃塞克斯所采纳。于是，随他去吧。

镇压叛乱的战役极为糟糕。时间和金钱被浪费了，命令也没有得到严格遵守和执行。心不在焉的埃塞克斯不可能征服那些叛乱者，他草草提出了议和，而条件竟然对泰龙伯爵极为有利。生气的伊丽莎白女王遣使禁止他在未接到命令的情况下返回英国，而他竟然公然抗命离开前线，并赶到诺维治去面见女王。埃塞克斯仗着女王的恩宠和宽恕，才敢于违抗王命。他不害怕女王，真正害怕的，是宫廷里的那些对手。他们在女王面前算计他，与他争夺女王的宠幸。这种恐惧几乎使他失去理智，甚至一度想要用武力来打击他在宫廷里的敌人。他们以罗伯特·塞西尔为首，在与埃塞克斯的明争暗斗中处处都能赢得先机。女王对埃塞克斯越来越感到失望，开始冷落他、疏远他。

培根与埃塞克斯之死

年轻的埃塞克斯伯爵陷入了空前的危机。培根私下活动，并竭尽所能地为之出谋划策。但这时的埃塞克斯已经完全慌乱。有人给这位年轻的伯爵出主意，说他如果想和伊丽莎白女王重修旧好，不妨通过暴力来迫使她就范。毫无疑问，这是最愚蠢的做法，任何稍微有点头脑的人都不会采取这样的行动。六神无主的埃塞克斯采取了他一生中最荒谬也是最危险的措施。在一个晴朗的星期天早晨，伯爵带领着他的支持者，大约有二三百人，鼓噪而出，向皇宫进发。他和支持者的想法是希望造成声势以获得那些同情他的大众的支持。他们挥舞着刀剑，叫嚷着埃塞克斯伯爵的性命危在旦夕，呼吁大家来保护他。这时的伦敦一片祥和宁静，除了他们大吵大闹的这一伙人以外，其他所有的人对他们的举动感到相当惊讶，更不要说加入他们了。女王的卫队很快就与他们相遇，迫使他们原路退回，然后包围了埃塞克斯伯爵的公馆，在周围摆放了几门加农炮，要求他们无条件投降。掌玺大臣和其他三名上院议员负责调查这起事件，当晚，这些叛乱者就被囚禁到伦敦塔之中。在埃塞克斯的支持者中，有一位南安普顿伯爵，他也在囚禁者之列，而他就是莎士比亚的赞助者。

从埃塞克斯失宠到这一武装事件期间，培根一直与埃塞克斯保持着友好的关系。不过，培根很难处理他们之间的关系，因为他如果要为埃塞克斯服务，就可能冒犯女王。他曾因债务而被捕，也曾因冒犯女王而被冷落，可以说已经几次陷入绝境，这些都极大损害了他的政治前途。他很清楚，他需要尽力把握任何可能的机会。而且，从上次补贴金事件中他已经吸取了足够的教训，那就是冒犯女王要付出惨痛的代价。现在，他终于慢慢赢得了女王的好感，成为女王顾问（非正式）中的成员，不时会得到处理政务的机会。因此，他一定要谨慎从事。作为朋友和曾经的追随者，他当然应该为埃塞克斯服务，但前提是不能让女王感到不快。而且培根感到，他现在立足未稳，即便是想帮助埃塞克斯，也可能会事与愿违。因此，培根选择了某种迂回曲折的方式来帮助他的这位恩人。

作为政治家，培根很清楚，埃塞克斯不服从命令擅自从爱尔兰撤回，这样的行为必须明确地予以批评。可在私下里，培根却一直在设法帮助他。埃塞克斯伯爵的党派势力相当强大，足以对他造成不小的威胁。因此当法庭调查开始后，培根表面上是积极地站在政府一方，实际上是想减轻对埃塞克斯的指控。培根曾写信给埃塞克斯明确了自己的立场，他在信中说道："我谦恭地祈求您能相信，我渴望的首先是对国家的忠诚，因此我们都是女王的真正的仆人，其次是对朋友的忠诚，因此做一个诚实的人。我希望阁下能想到，尽管我对某些东西的热爱胜过对阁下的爱，如女王的政府、她的荣誉、她的恩惠，以及我们国家的福祉等等，但是我热爱您却胜过其他人。这既是出于感谢，也是因为您自己的美德。"培根根据伊丽莎白多疑和古怪的性情，为埃塞克斯提出了一系列的建议。

从表面上看，埃塞克斯确实听从了培根的一些建议，重新改善和女王之间的关系，事情也朝着对双方都有利的方向发展。但对培根来说却不是这样。一方面，埃塞克斯的朋友们并没有看到培根的努力，他们都认为培根不但忘恩负义，而且还落井下石，试图恶化对埃塞克斯的指控。有的甚至以暴力来威胁培根。另一方面，女王感到培根为自己效力时半心半意，总是站在埃塞克斯一边，为埃塞克斯着想。可以说，培根的努力既没有得到埃塞克斯支持者们的感谢，也没有获取女王的认可。但他自己感到问心无愧。他虽然不能为了朋友牺牲自己的一切，但在他承担的国家职责允许的范围内，他还是尽了全力来帮助埃塞克斯。

但是，培根所做的一切努力都因为埃塞克斯的愚蠢行为而归于无效。疯狂的埃塞克斯竟然想进行军事上的反叛，这彻底改变了培根的态度。也许在此之前，培根一直认为埃塞克斯不过有点刚愎自用，缺乏政治上的精明，需要谨慎的约束和指导，但算不上很严重的缺陷。虽然培根不再对他有什么指望，但内心里还是心存感激。但这时，埃塞克斯因为叛乱已经成为国家的罪人。也许他的动机不过是想反对自己在政府中的私人敌手，这些邪恶的人不仅是他的敌人，也是女王的敌人。即便是出于这样的动机，也无法改变这样一个事实：他试图通过武装来挟持女王陛下本人，强迫她违背自己的意志和判断来罢免她所选择的大臣。埃塞克斯只是出于自己的判断，受到自己野心和仇恨的驱使，犯下了违背全国人民意志（女王是国家的象征和代表）的罪行。正如人们所叹息的：我们可以仰慕埃塞克斯的骑士风度，同情他为了皇家情妇而牺牲了自己的高贵，遗憾他因为率真的性格而斗不过阴险卑鄙的敌手，甚至可以惊叹他采取了如此激烈、悲壮的方式来结束自己的人生，但同时我们也必须承认：埃塞克斯是国家的叛徒。

在很多案件的审理中培根都能保持冷静的理性态度。在政治上，他热情地信奉秩序，因为法律和制度是一个有组织国家赖以生存维系的必要条件。他的这一热情来自他从儿时以来受到的政治家们的影响，也指导着他自己不断地追求能为这一秩序贡献自己最大的力量。他在法国曾经目睹了专横的暴力所导致的混乱，而埃塞克斯却试图采取这样的暴力。为了捍卫这种秩序，他当年曾不惜反抗女王的意愿来维护下院的权力。在培根看来，君主代表了政府的基本原则，任何私人的不满或失望都不能撼动他对君主的忠诚。他的忠诚不是针对女王个人，而是针对她的地位。埃塞克斯犯下了培根所能想象的最严重的罪行，对于这样的罪行，一定要无条件地加以判处。

培根被任命为检察长考克的助理，协助审判埃塞克斯。在法庭上，培根的每次发言都十分致命。这让人们感到惊讶不解！埃塞克斯是培根的朋友，而培根却似乎忘记了他曾得到过的帮助，眼中充满的是凌厉的死亡之光。更何况，埃塞克斯本来罪不至死。但培根只想着对这位昔日的恩主给予最严厉的制裁。

是的，培根是天才的演说家，本来可以利用他卓越的口才来为自己的朋友辩护，使他免于被处死的命运。他完全可以做到减轻他将要受到的惩罚，同时不辜负他自己承担的对国家或女王的职责。但培根没有这样做，他的发言犹如利剑，招招刺向埃塞克斯最要害的地方。有人认为，这时培根的心里充满的是恐惧、强烈的失望、被欺骗的愤恨等等复杂的感受。或者，也许是他害怕自己受到这一阴谋的牵连，因为他几个月来一直在伊丽莎白面前为埃塞克斯说情；他的哥哥安东尼和埃塞克斯相交甚密，曾替埃塞克斯给苏格兰国王传递谋反的信件。培根自己曾把埃塞克斯视为理想的恩主，希望能帮助他实现自己的政治抱负，谁知埃塞克斯却成了自己政治信念最大的敌人，这使他深感失望。几个月来培根一直为埃塞克斯起草致女王的书信，帮助他，不惜冒着激怒女王的危险，想尽办法谋求女王对他的宽恕，他却在背后一度和苏格兰国王密谋叛乱，直至率众作乱。这些使培根感到的不仅是失望，更多的是痛恨。此外，他不过是政府雇用的一名顾问，受命协助审理这起案件，而他最痛恨的敌手考克是这起案件的负责人。与对手竞争的心理一定驱使培根要在这场审判中掩盖敌手的光华，获得女王的好感。以上这些猜测似乎都有一定根据，也许单单其中任何一条都不足以驱使培根去害死自己昔日的恩主，但这些理由合在一起就足以使得培根忘记此前埃塞克斯对他的所有恩情和友谊。

最终，培根在这次审判中的光芒使得久负盛名的法学家考克黯然失色。1601 年 2 月 25 日，埃塞克斯被处死。从叛乱者的罚金和没收的财产中，培根获得了 1200 英镑，这与培根预期的有些差距。他把这笔钱支付给了一个债主。后来，当伊丽莎白死后，培根发表了一篇申辩，为自己的行为进行解释和辩护。从这篇申辩中，仍然看不到培根有悔恨或道歉的意思，也许驱使他的的确是某种高尚的动机。但是后来者并不一定能原谅培根，有位作者这样写道：埃塞克斯背叛了法律，而正是这些法律才能使得一个文明的、有组织的国家成为可能，因此根据这些法律，埃塞克斯应该被处死。而培根背叛的是比这些法律更高的法律——诚实的法律，同情的法律，爱的法律；根据这些神圣的法律，培根应该受到谴责。

五、培根、白金汉公爵与詹姆斯一世

詹姆斯一世登基时的培根

1601 年对培根来说是格外不幸的一年。对埃塞克斯的审判使得他名誉扫地，人所不齿。不久他哥哥安东尼的去世再次让他陷入痛苦的境地。哥哥常常给予培根经济上、事业上的无私帮助，但他自己也像培根一样铺张奢侈，因此死时也是负债累累。所以，尽管安东尼把自己的遗产都留给了弟弟，但培根需要支付医药费和殡仪费，还要满足债主们的要求，之后就所剩无几了。所以，培根从哥哥那里并没有继承到太多的遗产。

从这时起培根开始展示在政治上的不寻常的智慧和远见。在国会中，培根提出议案，建议修改计量体系。他要求撤销多余的法律，区分专卖和专利制度，在爱尔兰实行彻底的宗教宽容政策，并提出了修改商人之间相互担保的方法。这时的伊丽莎白女王，这位风烛残年的女人想必是受到埃塞克斯事件的强烈刺激，变得更加多疑和猜忌，连自己的情人都要背叛她，使她几乎不再相信任何人了。她拒绝医生的帮助，身体一天比一天衰弱，她感到的只是深深的悲愁。在 1603 年 3 月 24 日，这位 70 岁的女王走到了生命的终点。她孤苦伶仃，没有亲人的陪伴，而她的那些宠臣们在她死之前早已经开始向下一任的君主献媚了。

伊丽莎白去世后，詹姆斯一世继位，英国进入斯图亚特王朝的统治之下。这一年，培根已经 42 岁了。他站在伊丽莎白女王的遗体旁边，望着这个死去的女人，心中思绪万千。算起来，从他的父亲去世到现在已经二十多年了，他为了得到这个女人的欢颜和欣赏，不知付出了多少无用的努力和辛苦，而从她那里获得的回报却少之又少。如今她撒手人寰，而自己多年的艰苦奋斗刚刚有点效果，一眨眼便烟消云散。想到这里，培根心急如焚。但是这么多年的等待也给培根带来一点收获。在伊丽莎白执政期间，他在政治上逐渐成熟并变得老练。他目睹了一个女君主以高超的手段处理了国内外很多棘手的问题，获得极大的成功。他崇敬君主的权力，将之视为一个强有力政府和秩序的源泉和象征，伊丽莎白的成功极大地强化了培根的这一观念。而他如此难以获得她的垂青，以及因为违逆她而受到的冷酷的惩罚，使得培根下决心要不惜任何代价以满足君王的要求，从而达到获得官位的目的。已经42岁的他仍然地位卑微，甚至还没有在政府中谋得任何正式的官职，这使培根从内心里感到羞耻。沮丧失望逐渐腐蚀着培根的正直，一次次的失败耗尽了他的耐心。

　　多疑的伊丽莎白在位时严禁臣下提及或讨论她的继承人问题。一直到临死时，她才点头答应苏格兰国王詹姆斯六世继承她的王位。她哪里知道，那些阿谀奉承她的宠臣，早就暗地里向詹姆斯投怀送抱。罗伯特·塞西尔爵士、北安伯兰伯爵，以及其他人在女王死前几年就开始与詹姆斯秘密往来。培根的哥哥安东尼作为业余外交官就曾为埃塞克斯与詹姆斯身边的人打过交道。培根也想利用他哥哥此前建立的联系，托人向詹姆斯一世求情，希望获得一官半职，但最终是一无所获。他的雄心壮志仍然受到压抑。他太想为这个国家效力了，太想获得力量来推行自己在政治上的抱负。多年的等待、钻营已经耗尽他的耐心，他已经变得饥不择食。因此，当詹姆斯一世继位的时候，我们看到了这样一位培根：一方面他继续怀着真正高贵、远大的知识理想，同时也因为对权力的无限渴望而变得卑鄙无耻。为了获得国王的喜欢，他几乎用尽了手段。就这样，那个时代最伟大、最有力的头脑，却匍匐在一个酒囊饭袋的脚下，极尽谄媚之能事。当年敢于反抗伟大女王伊丽莎白的人物，现在却在她的昏昧愚蠢的继承人面前卑躬屈膝。

在詹姆斯到达英国加冕之前，他曾发出指令，要那些女王时代的大臣们各安其职，直到他找到更合适的人选为止。按照这样的命令，培根就失去了一切机会，因为他从来没有获得过任何正式的任命。然而培根仍不死心，他四处求助，到处碰壁，就连他的表兄罗伯特·塞西尔，如今已经是伯莱的继任者，也不愿意提拔培根。国王詹姆斯加冕英国国王之后的一个主要行动就是为多达三百人授封爵士称号，他们像一大群牲口一样排着队等候国王为他们授衔。要获得这一荣誉，得付出很多英镑的代价。这样的事情，肯定少不了培根的份。用中国的话说，哪里热闹哪里就有他。四十多岁的培根如今债务缠身，一度再次被捕。即使这样，培根也要想方设法赶上这次大规模的授爵，为此不惜再次厚颜屈膝向他的表兄塞西尔爵士写信求助。为了能获得帮助，他甚至承诺不再涉足新国王的政权。他在信里写道："我的意图是尽可能不再涉入国王的事务，如今陛下身边有足够的顾问。我将安于自己的本职工作，保持节俭，干一些力所能及的事情。因为，至于我自己的抱负，您可以确信，它已经熄灭了……现在我应该把我的抱负只诉诸笔端，这样我就可以保持对那个时代的记忆和那个时代的美德。最后，对于这个无聊的甚至几乎是卑贱的爵士头衔，我希望能在您的帮助下得到，对此我已经很满意了……因为我喜欢上了一个清秀的女人，她是一位高级市政官的女儿。"

从这封信里，我们可以看到培根当时的糟糕处境，不管他是否真的像他告诉塞西尔的那样，要把自己的抱负都诉诸笔端，而仅仅满足于得到一个无关痛痒的爵士封号，他对自己的政治前途肯定有所怀疑和失望。不过，尽管培根在仕途上屡战屡败，但他从来没有丧失帮助人类拓宽知识疆域、征服自然的信心，他为此做准备的愿望也从来没有动摇过。培根原来没有足够时间从事的哲学工作成为他这时的主要寄托。也许在这个时期培根陆续写下了《关于自然的解释》，而且很可能从此时起开始写作他的伟大著作《学术的进展》。

人生的转机

培根终于等来了机会，开始在新国王统治下展示他的政治智慧。1604 年詹姆斯召开国会，讨论英格兰和苏格兰的统一、宗教争端以及法律修改等问题。詹姆斯一世是亨利七世的曾外孙，是苏格兰玛丽女王与达恩利勋爵的儿子。他是一个专制主义者，却以学者自居。据说他在做苏格兰王时就写过两篇论文：《皇帝的天才》和《自由君主制的正确规范》。不过，历史学家指出，实际上这两篇论文是他的秘书所作。这时英国正日益对专制不满，而他却鼓吹自己的专制主义思想。他认为法律应该服从国王，"是国王创造了法律，而不是法律创造了国王"。他在到达英国后召开的第一次议会上就宣称"君主是上帝的化身"，"议论上帝能做什么和不能做什么就是亵渎神明；议论君主能做什么和不能做什么就是大逆不道"。据说他对英国竟然有议会这样的东西存在大为不解，说："我对我的祖先准许建立这样的机构感到惊讶。"他在国会的讲话中要求国会最大限度地考虑他的意志。在这个问题上，培根表现出过人的能力。一方面他极力投詹姆斯所好，力主苏格兰和英格兰统一的好处，同时也尽可能考虑下院的要求。最后的结果是培根在国王和议会那里获得很高的声誉，这是他迄今为止取得的最高的成就。尽管最终的实际收获微乎其微，但这足以激起他的雄心。他获得了国王的肯定，成为国王的正式顾问，并得到了数额为60镑的年薪，尽管远远不能解决他的经济困难，但也让他感到了一丝满足。毕竟这是他领到的正式的薪水。从此之后，他在国家政治事务中的地位得到了一些提高。

1606年，已经45岁的培根终于与艾莉丝·巴恩汉姆结婚。但是她的嫁妆不足以满足培根的生活需求。据当时的人描述，婚礼相当豪华，培根和妻子穿金戴银，几乎花尽了她的陪嫁。为了满足妻子及其朋友的要求以及他自己的野心，培根比以往更需要升职。这时副检察长一职出现空缺，培根写信给詹姆斯，诉说他的忠诚和顺从。最终，在一年多的等待之后，培根得到了任命。这个职位可以为培根带来每年1000镑的收入。次年，星法院的书记官一职也终于兑现，这个职位是十九年前姨父伯莱伯爵允诺给他的。星法院的职位每年可以为培根多带来1600镑的收入。这样，根据培根自己的估算，他一年的收入可以达到4975镑。这在当时绝对是一笔巨大的财富，足以满足一般上层家庭维持富足生活的开销。但是对培根来说，更多的收入意味着可以借更多的钱来满足他更多、更奢侈的生活需求，也就意味着背负更多的债务。

副检察长的工作对于精通法律的培根来说可谓是小菜一碟。在极为勤勉地处理诉讼之余，培根还提出了许多关于法律的改革建议，如他尖锐地抨击并主张从法律上制裁决斗这样的恶俗。培根对法律的理解更强调法律的精神，而不是法律的字句。这使得他与考克之间一直冲突不断。考克具有比培根更渊博的法律知识，但他只是拘泥于法律的条款，其咬文嚼字的风格与培根完全不同。

长期以来，英国王室和议会之间达成协议，王室的很多政策和收支一定要经由下院批准才能付诸实施。伊丽莎白一世时期国库就已经开始入不敷出，但伊丽莎白生性节俭，单靠出售王室的领地就足以维持王室的开支。到了詹姆斯一世时，因为他穷奢极欲，挥霍无度，正常开支完全不能满足他的要求。于是他开始采取一切手段疯狂敛财。议员们提交请愿书，要求废止一切未经下院批准而由政府擅自征收的捐税。在詹姆斯一世召集的第一次议会期间，下院建议了一个方案，以每年给王室50万镑补贴金的方式来满足国王奢华的生活，以作为换取国王放弃种种封建权力的条件，这就是著名的"重大交易"。50万镑是一笔巨大的财富，要知道，在16世纪初，整个英国的经济产值也不足50万镑。但詹姆斯仍然讨价还价，不愿意放弃特权。双方进行了长期的谈判。在这个重大的事件中，培根扮演了一个重要的角色。他斡旋于两者之间，一方面他要站在下院一边，代表他们的利益，就像是他们的发言人；另一方面，他也要让国王看到，自己并不想牺牲他的特权。培根充满热忱地工作，希望能拿出一个双方都能接受的方案。但是培根的努力并未带来结果，詹姆斯的傲慢和奸诈注定这次谈判最终归于失败。

在紧张的法律和行政事务之余，培根始终没有松懈他在知识革新方面的伟大工作。一部分睡眠时间，国会的休息期间，大多数假期时间，他都献给了哲学工作。1605年，培根出版了《学术的进展》。他将此书题献给詹姆斯一世，尽管这位国王完全没有能力理解和欣赏这部伟大著作的意义。在书的献词中，培根使用了极为华丽的辞藻来奉承以学者自居的詹姆斯一世，让人不得不叹服培根精彩绝伦的溜须拍马功夫，如培根说：

> 暂且不提陛下美德和幸运中的其他方面，单是陛下身上具备的哲学家们称之为智慧的德行和才干，以及能力的广博、记忆的准确、领悟的迅捷、判断的深刻、论辩的敏捷和条理分明，都使臣敬慕不已，惊叹万分。臣常常想，在臣所认识的人中，陛下完美地体现了柏拉图的观点。……上帝给予陛下的也是同样深广的领悟力，既能把握重大的事情，又能感受和理解细小的事物，这多么让人羡慕；……陛下的言谈举止确实具有君王的风采，您的言语如同泉水喷涌而出，在奔赴各处及涓涓流淌中自然现出条理。同时言谈中充满了机敏和精巧，无任何模仿之处，因此其他人难以企及。……陛下天性良善，……在智慧方面同样才学兼备，您禀赋优异，而又学识渊博，完美无缺。自从基督降生以来，还没有见到任何一位国君或尘世的国王像您这样在文学、博物、神学及人诸方面都精深广博。

相信任何一位神志清醒的人如果面对这样的夸奖都会不知所措，所以培根接下来让詹姆斯确信，事实上自己真的就是如此伟大，因为"我这样说并非故意夸大，我相信这些都是确确实实的事实，是我经过慎重考虑得出的结论，对此我深信不疑"。不过，与其说这是培根对詹姆斯一世的赞美，倒不如说是他对詹姆斯一世的期望。培根希望詹姆斯一世像柏拉图的哲学王一样能大力支持和赞助学术的研究，实现他知识革新的梦想。只是现实的詹姆斯一世让培根失望，他不仅不理解培根在知识上的伟大抱负，甚至也不欣赏培根在政治上的才华。培根只好在哲学和文学上来实现自己。

1607 年，他完成了《几种想法和几条结论》，1608 年，他又写出了《各家哲学的批判》，1609 年出版《论古人的智慧》。1612 年，《论说文集》出版了第二版，文章由最初的十篇增加为三十八篇。

1609 年召集的国会再次把培根卷入政治斗争的中心。直到 1611 年国会解散为止，培根几乎以各种可能的方式向国王展示了他的忠诚。但是国王和议会之间的分歧越来越严重，对于培根来说，是效忠国王还是真正地为国家服务，这两者之间越来越难协调。在他宣布对皇权的效忠之后，他已经倒向了国王。他谋求更高的职位，不断强化着他和国王之间的这种联系。1612 年，检察长塞利斯博雷爵士（表兄罗伯特·塞西尔）去世，这对培根来说又是一次重大的机会，是通向更高权力的有利时机。培根马上写信给詹姆斯，表达了他热切想为国王效力的决心，强调他具有调停王室和下院关系的特殊才能。他告诉詹姆斯说："我是一个十足的保皇党，但从来没有失去下院的信任。"想到培根在"重大交易"上曾经显露的才能，詹姆斯接受了培根的自荐。

长期压制培根的罗伯特·塞西尔去世了，前进的道路上少了一大障碍。这次任命又让培根忍受了一年多的煎熬。1613 年，培根被任命为检察长。这个职位，他在二十多年前就想在埃塞克斯的帮助下得到。如今，经过长达二十多年的等待之后，已经 52 岁的培根终于如愿以偿。这是一份迟到太久的礼物，所以他未必感到这是一种成功。他一直梦想着为自己的祖国服务，为一个伟大的统治者奉献自己的思想和才智；但多年来，他受到的却是一次次绝望的煎熬，不得不去谄媚、奉承一个骄横自私的国王。有的历史学家严厉地批评培根说：培根有意选择了这样一条糟糕的道路，他实际上抛弃了最后仅存的那点政治原则；他放弃了所有在国王和人民之间寻找正义的希望。他下定决心成为王室的奴才，只是为了自己的钱袋。这样说对培根并不公平。他的官场生涯虽然有缺憾，但也有值得肯定的地方。有学者为培根辩护说，他对詹姆斯的屈节奉迎确是事实，但也夹杂着更高尚的动机。实际上，培根不相信大众，他宁可信任国王。他心目中的理想政府是国王加上最好的议员，特别是像培根自己这样的议员。但是如果国王拒绝了议员的合理建议，那该怎么办？培根的选择就是服从国王的意志。也许培根想把詹姆斯引向正确的道路，但他缺少这样的能力。

培根与白金汉公爵

正在这时，詹姆斯国王的宫廷里突然崛起了一位新宠。乔治·维力尔斯原本是詹姆斯的侍者，入宫不久就获得了国王的宠爱，其地位也迅速蹿升。在不到一年的时间里，这位年仅23岁的侍从因为他的美貌和风度引起了国王的迷恋，被封为爵士，并得到了1000英镑的年金。随后又不断升迁，直至被封为白金汉公爵，成为詹姆斯宫廷中最有权势的宠臣。成为国王的宠臣意味着要紧密地伴随国王左右，要忍受他的抚弄、亲吻等等让人恶心的行为。作为回报，这些宠臣也会利用对国王的私人影响，谋求自己在政治和经济上的利益。这些宠臣尽管只是皇帝的玩物，但却有着让人畏惧的权势，所以很多大臣都会趋之若鹜，拜倒在这些人的脚下。我们已经看到，在伊丽莎白时期，培根就把自己的希望寄托在年轻他几岁的埃塞克斯伯爵身上，但最终大失所望。詹姆斯登基以后，培根始终没有放弃希望。如今，比他年轻30岁的维力尔斯成为国王的新宠。他最初只是卑贱的侍从，如今在仅仅两年左右的时间里就已经飞黄腾达，成为英格兰的新贵。培根不失时机地向这位宠臣示好，就像当年对埃塞克斯一样，他以长者和资深政客的身份不时向这位新贵提出诚恳的建议，为他出谋划策。而初涉政坛的维力尔斯也心存感激地向这位老谋深算的前辈虚心请教。

培根在写给维力尔斯的信中告诫他说："你现在是国王的宠臣，大家都非常羡慕……你是一位哨兵，要不停地为他站岗守护，给他提供真正可靠的消息。如果你阿谀他，你就是在欺骗他。如果你把真相掩盖起来，不让他知道以进行公正的判断，你就像一个叛国者要用武装来反对他和他的国家一样危险。一个不好的朋友要远比公开的敌人危险得多。大卫说：'在我的家里不应该有欺骗的人居住'。"这封信使我们想到他在二十年前写给埃塞克斯的信中，提出了如何欺骗伊丽莎白女王的种种建议。显然这两封信是很不一样的，这不是说培根变得更加诚实了，而是因为他知道，伊丽莎白不会看到其中的任何一封，而现在的国王詹姆斯一世却能看到任何一封。

培根的效忠很快就得到了回报。1616 年，培根成为枢密院顾问。这是通向权力更高层的阶梯。培根似乎真的时来运转了，他看着自己的宿敌，曾在自己面前趾高气扬、并羞辱自己的考克被撤职。1617 年，在维力尔斯的帮助下，培根被提升为掌玺大臣。这样，培根终于获得了他父亲曾拥有过的府邸——约克府，这是他出生并度过童年的地方，他熟悉那里的一草一木，如今，在父亲去世近四十年后，他再次成为这里的主人。

白金汉公爵乔治·维力尔斯

掌玺大臣原本是专门为英国王室负责保管国玺的官员，逐渐演变为政府中的重要职位。国玺是国家最高权力的象征，最初委托给大法官保存，后来发展成一个永久性委任，而负责保管国玺的大臣也获得了执行所有与国玺有关的职责的权力。通常，掌玺大臣的任命形式仅仅是将国玺交给他即算任命，而无须进行正式的委任程序。如果进行了正式的任命，就是大法官。伊丽莎白时期通过了一项法案使得掌玺大臣（当时是尼古拉·培根）的地位永久固定下来，这项法案宣布，掌玺大臣具有法律的执行权、司法权以及所有与关税、商品有关的权力，地位类似大法官。从此以后，拥有爵位的掌玺大臣都会被提升为大法官，并继续掌管国玺。因此，在名义上，掌玺大臣实际上成为政府机构中最高、最重要、权力最大的职位。

培根的新职务使得他成了国家的舵手。他年轻时代的梦想和希望如今成为现实。如果不是那位自负、傲慢而愚蠢的国王，如果没有那位自私贪婪的宠臣，或者如果培根把自己的权力欲望服从于一位高官所应该具备的勇敢而独立的品质，他肯定会成为英国历史上最伟大的政治家。但是他的首要考虑并不是国家和人民的需要，而是要满足国王及其宠臣的喜好。他无须向人民和国家负责，而只要向自己的恩主负责，因为他的地位和权力来自他们，而不是人民。1617 年 5 月 9 日，培根正式上任掌玺大臣。由于不久前国王和维力尔斯去了苏格兰，所以无法参加他的就职仪式。但是这位伟大的哲学家依旧要举行一场盛大而华丽的仪式。据亲眼看见的人描述说："我们掌玺大臣的随从仆役的人数超过了他所有的前辈。这场仪式开始就让大家惊奇不已，因为从来没有见过如此放纵的人物。在第一天，他就以最荣耀的方式出场。在他去往府第的路上，除了他自己的随从以外，还陪同着上院的所有议员、顾问和其他人，所有的爵士和绅士都骑马跟从。"培根选择格雷学院作为仪式开始的出发点，这是因为在二十八年前，培根正是从这里无助地开始了法律的学习以为自己的将来做准备，而二十八年后他终于走到了官职的最高点。

作为当时最高的法律官员，培根新官上任，希望能在这个职位上施展自己的才能，他下决心要维护法律的公正、严格和责任。应该说，就他处理的绝大多数诉讼来说，都要远远好于他所有的前任，尽管达不到自己的理想。可是出色的工作并不足以保证他的前途。那些给予他权力的人也可以将权力从他手中夺走。培根很明白这一点，在一些案件的处理上，他丝毫不敢违逆维力尔斯的意愿，而维力尔斯也常写信来左右他的判罚。但也不总是这样，有件意外的事件使得培根竟然冒犯维力尔斯甚至詹姆斯一世的权威。整个事件相当滑稽。

培根的老对手考克，一直想重新获得权力。自从他垮台之后，一直心有不甘。他为自己的遭遇感到愤怒，因为拒绝了维力尔斯的一个无礼要求就被迫下台；同时他忌妒培根因为投靠了这一新贵而迅速蹿红。他不能忍受自己如此屈辱地去职退休。他反思自己的错误，认识到只有那些奉迎宠臣的人才能获得荣耀。他也认识到，如果能获得维力尔斯的支持，他就可以重新找回昔日的地位。为了达到这个目的，他听从了别人给他的建议，把他的女儿嫁给这位皇帝宠臣的最愚蠢无能的兄弟，并答应陪送丰厚的嫁妆。这一招果然很快奏效，不久他就见到了国王，向他诉说自己的忠诚。于是他得到承诺，将在法律之外获得某个职位。但是，考克的妻子哈顿夫人是一位相当独立的女性，有着自己的判断。她强烈反对这一婚约，带着女儿藏匿起来。考克发现了他女儿的藏身之处，带着自己的儿子和家奴强行将她带走。哈顿夫人向培根求救。看着可怜的女人，虽然她当年拒绝了自己的追求，但如今的遭遇也足以引起他的同情。培根憎恨考克，多少年来他一直被考克打压，忍受他的取笑和羞辱，并看着他抢走自己心仪的女人，他怎么再能容忍他与维力尔斯之间建立如此密切的关系。因为一旦这一婚约成为事实，那就意味着考克将重返权力的中心，并再次对自己产生威胁。

培根写信给维力尔斯，言辞强硬地敦促他放弃这一婚约。维力尔斯大为光火。他希望的是培根对他无条件地效忠。不久，国王詹姆斯也写信指责培根。由于害怕失去自己的官职，培根屈服了。后来他得到了维力尔斯的原谅，也平息了詹姆斯的怒火。事后培根奴颜婢膝地写信给维力尔斯表达自己的感谢："我最亲爱的恩主，尊敬的阁下，您的钢笔，或者铅笔，写下的文字如此高贵、有力而仁慈，使我看到了古人伟大的形象，是这个时代的人所不能达到的。我是用我的生命，而不是文字，来表达对您的感激；如果我不这样做，上帝也不会原谅我，我会感到很悲惨，就像我现在因为得到您的原谅而感到的高兴一样……"这封信宣告了培根在维力尔斯面前彻底丧失了人格上的独立和尊严。从此之后，培根对维力尔斯的任何肮脏要求都予以满足。他为效忠维力尔斯，处死了沃特·瑞雷爵士，判处了苏佛尔克伯爵夫妇，甚至将自己真正的朋友、检察长耶伏尔顿下狱。此外，在专卖权的问题上，培根虽然觉得应该取消此类罪恶的特权，但为了维护王室特权并阿谀王室、维力尔斯，他一再签发专卖许可证。

大法官培根

以自己的尊严、良知为代价，培根对维力尔斯的绝对服从获得回报。他被正式任命为大法官，这是当时政府中最高的官职。在英国历史上，大法官一职曾长期为牧师占据，自亨利八世以后，由于牧师们已经没有能力处理越来越复杂的法律问题，所以大法官的职位一般都由律师担任。大法官不但是国家的首席法官，而且还是上院的主席，因此在整个国家事务中占有重要地位，甚至被称为"英国法律的良知"。1618年，培根被封为维鲁兰男爵，1620年，又获封圣阿尔班斯子爵。描述这位伟人的堕落让人感到难过。但我们也应该注意到，这一时期的培根一边忙着为他的国王和恩主效忠，一边推进着自己真正伟大的事业。只要有机会从繁忙的行政事务中抽出身来，他就会回到高阑城的乡间住所，这里豪华、舒适，一方面他可以尽情享受富贵与荣耀，同时也利用这有限的闲暇来发展自己的学说。据说，他在沉思时，隔壁要弹奏美妙的音乐；用餐时，桌子上要摆放时令的鲜花来"唤醒他的记忆和精神"。仆人们如果没有穿上西班牙皮靴就不敢靠近。他毫不在意他的奢侈，也因此始终是负债累累。

1620年对于培根的一生来说具有重要的意义，因为在这一年，他的地位和声望达到了顶峰，这是他最辉煌的日子。他已经成为政府中最高的官员；他是英格兰的掌玺大臣、大法官、维鲁兰男爵；他是英格兰的第一律师、上院议长和最杰出的学者；他的演说和著作受到大众的热烈欢迎；他的文学声誉远播海外；他的官邸、住宅，无论是约克府还是高阑城，豪华富贵，甚至不亚于皇家宫室。对于培根来说，他所有的雄心壮志似乎都已经实现。这一年，培根发表了《新工具》，这是人类推进知识、征服自然的"新工具"，他最重要的哲学著作，也是英国思想史上最重要的哲学著作之一。这部巨著是他多年艰苦工作的结晶，人们肯定会感到惊异、叹服的是，这位终日忙碌于法律、议会等诸多事务的人，主要精力用来奉迎愚蠢的国王和腐败的恩主的人，竟然能完成如此鸿篇巨制。培根本人把

《新工具》视为自己最重要的作品，他以无穷的耐心和毅力来准备这部著作，据说他曾先后修改了十二稿。这部著作一出版，在英格兰马上获得学者们的一致盛誉，而在国外的影响甚至还要远远超过他的祖国。有趣的是，培根把这部著作题献给詹姆斯一世，尽管他完全不配这一伟大的荣誉，但这个自封为学者的国王却倒也颇为得体地回信表示了感谢。此外，考克也收到了培根的赠书，据说他在书的扉页上写下了这两句话：

> 它不值得在学校传阅
>
> 只适合那些愚昧的人

考克的性情一如其拙劣的诗句，跃然纸上。

在这一年，培根还在约克府庆祝了自己的 60 岁生日。地位、权力、鲜花、美酒陪伴着他，朋友、门徒、诗人和献媚者围绕着他。他尽情享受着荣耀与幸福。培根多年的追随者和秘书本·琼森为培根的生日献了一首诗，其中写道：

> ……六十年前
>
> 培根大人，在这里出生
>
> 他是掌玺大臣的儿子
>
> 是英国昌盛的基础与荣耀

六、大法官的垮台及其生命的最后五年

大法官的垮台

这时，幸福的培根并没有看到，他的上空正在聚集乌云，即将形成一场突然袭来的灾难，并要把他的官场生涯彻底毁灭。这场灾难由两个方面的矛盾酝酿而成：政治方面，国王和议会之间的矛盾；个人方面，培根和对手之间的矛盾。一直想

推行专制统治的詹姆斯和国会之间的关系始终处于紧张状态。他召集的第一次议会就因为议员们强烈要求取消王室征税权而使他感到愤恨。1614年，他再次召集议会，而议员们重提废黜国王未经议会批准的征税权，最后以他强行解散议会告终。其中的根本原因在于詹姆斯相信君权神授，他自认为应该根据自己的意愿进行随心所欲的统治，不应当受到法律和议会的制约。而议会却日益坚持自己的立法权，拒不承认王室具有任何超越法律之上的特权。在伊丽莎白时期，由于外患的存在，这一矛盾在相当程度上被掩盖了，加上伊丽莎白女王的个人魅力和敏锐的政治智慧，使得她批准的事情一般都能得到议会的认可和支持。如今，外在的威胁已经消失，詹姆斯本人又很不得人心，特别是严重缺乏基本的政治智慧。他常常因为自己的吹嘘和傲慢遭到反对。每当这时，培根就会竭尽全力调和国王和议会之间的关系。如果国王的意愿和议会的要求无法调和，那么培根就会与国王站在一起。由于培根无条件地效忠于国王和白金汉等贵族，使得他实际上已经成为议会的对立面。

1621年1月，詹姆斯为了参加三十年战争迫切需要款项，不得不再次召开议会。而议员们对国王出卖专卖权提出强烈不满，并法办了一些让人特别痛恨的专卖商。但是议员们的矛头进一步指向那些签发专卖特许证的国王大臣，其中就包括大法官培根。实际上，维力尔斯是罪魁祸首，但他为了逃避罪责，公开表示支持议会所提出的要求。这样，剩下的替罪羊当中，培根成了最显眼的目标。而培根最致命的敌人则绝不会放弃这次大好机会。一个是考克，他是培根的老对手，因为后来与培根的较量失败而怀恨在心，在他用女儿换取了维力尔斯的恩惠之后，如今已经成为下院的领袖；另一个是莱昂内尔·克兰菲尔德，一名商人，曾因为培根对他的蔑视而成为培根的敌人，在议会中也颇有影响。上院中也有培根的敌人，那就是南安普顿，他是埃塞克斯的好友，并因埃塞克斯叛乱一案被捕入狱，显然他对审理此案的培根有刻骨的仇恨。最终詹姆斯听从了维力尔斯的计谋，否认自己负有任何责任。而议员们则将矛头转向了大法官培根。

在专卖权问题上，议员们针对培根的愤怒由来已久。所谓专卖权，就是由国王授给个人或公司对某种商品的专卖权，国王授予的专卖权体现的是专制统治下的部分贵族利益，具有垄断性质，因此与新兴资产阶级要求的自由市场经济相矛盾，完全不利于资本主义生产方式的发展。所有的议员们都知道，专卖权不仅是一个错误，而且也遭到了严重的滥用。在伊丽莎白时期召开的国会上，就有议员们提出取消专卖权。但是培根站出来为伊丽莎白的这一特权辩护，提出如果伊丽莎白的受让人或专卖权持有人滥用了她赋予的权力，下院议员们应该以"请愿书"的形式来向女王申诉。培根说："应该始终采取请愿的形式，以显示对女王陛下的谦恭。通过请愿来向她申诉我们的不满，特别是涉及和她关系比较密切的特权问题，我的意思是说，我们不应该去处理、裁定或干涉她的特权。"到了詹姆斯一世，培根继续坚持这一立场，成为王室这一特权的始终如一的重要支持者。他做了大法官之后就亲自签发过专卖特许证。因此下院对培根的怨恨由来已久。

最初培根没有认识到问题的严重，认为这不过是一件普通的法律诉讼，他有国王及其宠臣的保护，他希望这些敌人能知难而退。但是最严重的危险还没有到来。议会成立了专门机构来调查法庭滥用职权的问题。培根自信自己没有什么问题，还没有看出直接指向他本人的危险，因此欢迎议会的调查，他说："我由衷地赞成这一点，那就是，对于法庭，任何人都有权利发表意见。"实际上，这时已经很清楚，培根不过是专卖权一案的替罪羊，培根自己的确没有什么严重的过错。所以，他们就培根作为法官而提出指控。3月14日，有个叫奥博雷的人控告培根曾收受过他100英镑的贿赂，还有一个叫艾格顿的人说他曾送给培根400英镑和一些值钱的东西。这时培根立即意识到了自己的危险，尽管他还不能确定这种危险的程度。他很明白，如果真的针对他的话，总能收集到一些证据。他写信给白金汉："阁下曾说过赎罪，我现在就在这样做。但我的内心很平静，因为我自己的命运不是我的幸福所在。我知道我的双手和灵魂都是干净的。即使是约伯本人，或其他最公正的法官，如果要像对我这样去寻找反对他们的证据，也总能找到一些。"从这封信判断，似乎培根知道考克他们私底下针对他的阴谋，但他觉得国王和维力尔斯能够提供足够的保护。实际上，詹姆斯和维力尔斯确实曾努力保护他，但很快他们就看到下院的愤怒情绪似乎难以平息，于是就放弃了进一步的努力。

事情越来越严重。在奥博雷之后，陆续有其他人提出相似的指控，于是下院请求上院进行同样的调查。因为按照当时的制度，下院无权审查国王的高级官员，而上院则有这样的权力。病重的培根请求推迟回答那些指控他的人，但他的对手南安普顿从中作梗，没有答应培根的请求。3月24日是詹姆斯加冕的周年纪念日，因此对培根的调查也得以暂停，25日，培根写信给维力尔斯，请求他的帮助："我尊贵的大人：我现在希望能接到您的来信，您是我在这次洪流中得以停靠的港湾。同时，我也给国王陛下修书一封，随信附上，请您审阅并给予建议，然后看是否转交陛下，只要您觉得合适。"在给国王的信中，培根继续为自己申辩，声称自己长着"和平的翅膀"，从他的父亲那里他没有继承任何的仇恨，而是"天生的爱国者"，从来不是"人民的压迫者"。他从不傲慢，与人友善。下院一直赞赏他正直坦诚，而上院也拥抱他，认为他足智多谋，品德高尚。至于受贿的指控，他没有因为接受馈赠而损害公正，他的心灵并不腐败，但他却无法完全避免时代风气的影响而收受贿赂。总之，培根希望国王能宽恕他的错误。国王本人可以宽恕他，但国王已经看出议员们坚决不原谅这位大法官，于是詹姆斯授意上院任命了一个三人委员会来审查此案。培根被迫交出了国玺。据说，当调查委员会来收取国玺时，培根说："由于国王的隆恩我收到了国玺；由于我自己的大错又失去了它。"

培根引退到高阑城的家中，他生活依旧，表面上保持着自信，但是他正受着疾病和焦虑的煎熬。在 4 月 10 日，他起草了一份遗嘱，开头那段著名的话表明了培根尽管处于人生最严重的危机之中，但他依旧对自己的伟大有足够的信心，他说道："我将自己的灵魂交给上帝，我的身体可以草草埋葬。我的声名留给下一代和其他国家。"这样的自信也体现在此时写的一段祷文中。这篇祷文更像是一篇申辩词，谈到了自己的弱点，也自信地指出了自己的长处，并高贵地承认了敌手的胜利。他说："现在，想到自己的地位和荣誉，我的手异常沉重。除了我数不清的罪过，我要承认，我辜负了上帝赋予我的天才和恩泽，我既没有把它藏着不用，也没有把它用于能够产生最大利益的地方，而是把它用到了我最不适合的事务；我真的认为，在我的人生旅途上，我的灵魂自始至终是一名陌生者。"

在调查委员会详细陈述对他的指控之前，培根考虑了自己的辩护。他并不能否认他接受过贿赂，但是他确实否认了他曾因贿赂而违背了法律的公正。在这三起诉讼中，培根的判决事实并不利于那些贿赂他的人。这样的做法与培根的性格很是符合。在内心深处，培根很珍视正义的理想，并在他掌管的部门中进行了很多有益的改革；但是由习俗认可的那些利益有如此大的吸引力，对于早已用功利主义伦理原则代替了道德规范的培根来说，太难抵挡了。他像很多同时代的人一样，总是在难以确定的道德边界上摇摆飘忽。他可以突破这个边界，但同时又告诉自己仍然符合道德要求。他从贿赂中受益，但是并没有影响正义，这样贿赂不过就是一份礼物。他希望国王能区分两种情况，一种是通过交易或契约，从枉法之中获得回报；一种是在诉讼已经结束之后接受贿赂。这两者显然不能一概而论。培根声言，他从来没有发生过第一种情况，而对于第二种他想不会有什么错误。

　　经过调查，最终于4月17日，调查委员会提供了一份扩充的清单，上面列举了对培根提出的二十八项指控。国王已经不想再干预，也许是不能干预，而维力尔斯早已抛弃了他，如今他已经孤立无援。当培根了解到指控的详细内容后，他放弃了辩护。他不想受到审判，希望以认错悔过来代替。他写了悔过书给上院，声称他承认所有对他的指控，希望免除法庭当众审判的难堪。在悔过书中，培根写道："因此现在我只有毫无掩饰地承认，我在了解了对我的控诉的详情以后，足以激发我的良知，唤醒我的记忆，我发现有足够的材料使我放弃辩护，并请求各位上院议员对我定罪并加以申斥。"同时，他还提醒他的同事们，"各位也不会忘记，不仅有个人的罪恶，也还有时代的错误"。但是他的对手不肯放过他。考克在下院继续煽风点火；而上院则不愿看到自己的一位伟大成员以过于耻辱的方式垮台，因此有些动摇，但是南安普顿等人又起来强烈反对接受培根的悔过书。于是培根的请求被拒绝，他被迫回答针对他的每一项指控。5月3日培根被正式判决。判决词如下：（1）英格兰大法官、圣阿尔班斯子爵大人，须承担罚款和赎金四万镑。（2）他应该监禁于伦敦塔，时间随国王意愿而定。（3）他将永远不能为政府或联邦雇用，或获得一个官职、职务。（4）他将永远不得进入议会，也不能踏进宫廷半步。

培根生活浮华奢侈，据说他的衣服上缝缀着黄金纽扣，帽子上闪烁着耀眼的钻石。他右手握着国玺，左手则收取礼品和现金，这些腐败的证据，见证了这位伟大人物的垮台。据估算，培根在位期间共收受贿赂12320镑，这笔钱在当时是非常巨大的数字。对于这样的判决，培根自己进行了总结："我是英格兰最近这五十年来最公正的法官。但是对我的判决却是这二百年里议会做出的最公正的判决。"第一句话表明培根仍然相信自己是无辜的，因为接受礼金是当时的风尚，因此是时代的错误；而第二句话则发出了作为改革者的培根内心深处的声音，是他的正义至上的理想最高尚的表达。这是一个很有讽刺意味的悲剧！他在给维力尔斯的建议中说："法官必须是一个勇敢的人，敬畏上帝并痛恨贪婪；一个无知的人不能成为一个好法官，而一个懦弱的人则不敢当一个好法官。"这句话也许可以解释为什么培根突然决定放弃任何辩护。他是一个理想主义者，一个改革者，他很高兴自己的观点获得胜利，哪怕是以自己的前途、荣誉为代价。他在致上院的悔过书中说道："开始我应该声明，有些东西让我感到由衷的高兴。首先，从今以后，一位法官或执法人员的伟大不应该庇护或掩盖他的罪过，这是光明世界的开始；第二，在这一案例（培根本人的案例）之后，很可能法官们将会远离腐败，就像远离毒蛇一样。"

对培根的判罚并没有严格地执行。在培根的不断哀求下，罚款被分摊给其他人（由培根自己亲自指定，再由国王下令），伦敦塔内糟糕的囚禁生活也只延续了几天。但是为这一切培根也付出了一定的代价。为了给予培根这些恩惠，维力尔斯极为无耻地要求培根把约克府转让给他。对于约克府，培根有深厚的感情："约克府是我父亲辞世的地方，也是我出生的地方，我也希望能在此终老。"维力尔斯早就对约克府垂涎三尺，一心想据为己有。如今机会终于来到。他通过别人暗示培根，如果要得到自由，恐怕要付出约克府作为代价。最初，培根不愿意把约克府转让给维力尔斯，为此再次被维力尔斯疏远。但是最终，为了获得自由，培根不得不放弃这座心爱的宅院。他回到高阑城的家里，病得很重，伦敦塔内几天的监禁生活加重了他的病情。但他并没有倒下，正如他说过的，他"自己的命运不是他的幸福所在"，他想到的是为自己的国家和人类服务，个人的荣辱不是最重要的。作为哲学家，培根有自己的信条，他曾说过，行动的生活比沉思的生活更有价值，他只想着把自己知识和良知运用到每一个活动之中，他只想勤勉地工作发挥自己的力量。他再次真诚地、急切地、凄惨地恳求国王，恳求维力尔斯，甚至恳求他的继任者，恳求自己昔日的对手，希望他们能够给予他任何工作的机会。但一切都是徒劳的，他到死再也没有获得任何机会。他不得进入议会，也没有人重视他关于国家事务的建议。

培根的最后五年

从学术的角度来说，培根的最后五年是他一生中最黄金的时期，从某种意义上说，直到这时培根才获得了自由。他终于彻底摆脱了公务的缠绕，从此可以全身心地为他的理想奋斗了。这个理想一直萦绕在他内心的最深处。因为有这个理想，一切的苦难、荣辱都不能使他动摇。四十多年来，他一直艰苦地跋涉。即便是现在，他的身体和精神分别受到疾病和挫折的打击，但他仍然要努力为理想而工作。他可以死去，但不可以无所事事。他说过这样一句话："对于一个人来说，如果既有荣誉又有闲暇，那么可算是一种福气了。可我从来没有这种好运气：当我有荣誉的时候没有闲暇，现在有了闲暇却失去了荣誉……不过我现在渴望的是闲暇而不是闲逛……使属于我个人的生活结出果实。"他的闲暇很快结出了累累硕果。1621 年 10月，他完成了《亨利七世史》，并于 1622 年 3 月出版。这是一部伟大的政治史学著作，被誉为历史学史上的"里程碑"。在培根生命的最后几年间，他又完成了《风的历史》、《生与死的历史》、《学术的进展》拉丁文版、《论说文集》第三版、《新大西岛》以及《林木集》等。

值得一提的是，培根把流传广泛并为他带来巨大声誉的《论说文集》的第三版题献给从他手中夺走了约克府的维力尔斯，而维力尔斯已经被詹姆斯一世授封为白金汉公爵，成为地位最高的贵族。培根在献词中说：

> 所罗门有一句名言：英名常能流芳百世。尊敬的先生，您的英名必将流芳百世，正如此话所说。值此拙作出版之际，请允许我将阁下的大名冠于书首，以炳盛德，并略表区区之诚意。此书乃鄙人平生著作之中最为大众所欢迎者，其主题均系关于人性以及人生问题之研讨。当此书新版付印之际，在内容和篇数上都较前有所增加，面目已焕然一新。本书发行拉丁语和英语两种版本。拉丁语是通行世界的语言，所以我祝愿阁下的大名亦将伴随这一版本而远播大地。前此，鄙人曾将拙著《伟大的复兴》奉献于英王陛下，将《亨利七世史》以及《自然史》奉献于王子殿下，在这里，请允许我将这一部作品，奉献给阁下您。

这时的培根已经无望于重新得到政府的雇用，因此他将此书题献给白金汉并非出自某种目的。尽管白金汉不久前从他的手中抢走了他心爱的约克府，但培根知道自己在仕途上的高升很大程度上要归功于这位年轻的公爵。培根应该是出自内心的感激才把他这本影响最大的著作献给白金汉，希望他的名声能随着这本著作广为流传。只是培根没有想到，他的这位比他年轻三十多岁的公爵虽然曾经是他的恩主，但因为贪婪和暴虐，几乎成为整个英国的敌人。1628年，在议会的休会期间，人人痛恨的白金汉公爵竟然被人打死，人们欢欣鼓舞，欢庆英国终于开始从"暴政"中解放出来。

从小时候起培根的身体就比较赢弱，从来没有拥有过强健的体魄。他曾这样说过："如果有谁要感到绝望，那么就请他想想这样一个人，他像同时代的很多人一样忙于公共事务，却没有享受过健康，因此丧失了很多时光。"他很注意自己的健康状况，而且我们也不知道他曾遭受过什么严重疾病的影响。但是，从1625年起，他的健康状况逐渐恶化。不过高阑城的清新空气还是让培根心情舒畅，他在写给朋友的信中说："我要感谢上帝，乡村的芳香空气使我在一定程度上恢复了一点健康。"他写信给白金汉说，"我的健康又恢复了一点"。次年初，虽然天气依然寒冷，但培根觉得自己的身体有所好转，便回到格雷公会，他希望在这里静居一段时间。有一天培根和朋友一起远足到乡下，为了一项突然想起的试验，培根的生命终于走到尽头。培根的学生、英国下一位伟大的哲学家托马斯·霍布斯描述道：

> 大人的死是因为尝试一个试验。他和威瑟博士（Witherborne，苏格兰人，国王的御医）一起兜风，在去往海盖特的路上，雪覆盖着大地，大人突然想

到，雪是不是可以像盐一样防止肉的腐败呢？于是他们下了车，走到海盖特山脚下一位贫苦妇女的家中，买了一只母鸡，请那位妇女将鸡的内脏掏空。然后填满冰雪，我的大人亲自去做这件事。雪冰得很，使他打了冷战。大人受了凉，很快就病得很严重，他已经无法回到他的住所（格雷公会），而是就近去了阿伦德尔伯爵在海盖特的住宅，他被安置在一张很好的床上，下面用炉子加热着，但是这张床很潮湿，已经一年多没有人使用过了，这又加重了他的病情，两三天后他就去世了。

"试验很成功"，培根在写给主人阿伦德尔伯爵的信中说。这是人类历史上第一次制冷的试验，是培根梦想的通过知识控制自然的一步。为知识的进步而进行的这次试验使他的生命走向尽头，为此他感到满意。他说："我有着类似老普林尼的命运，由于企图要观察维苏威火山的爆发而丧失了自己的生命。"1626 年 4 月 9 日，世界上最伟大的哲学家停止了呼吸，终年 65 岁。

虽然培根有妻子，但实际上比没有妻子更糟糕。因为这位高级市政官的女儿，这位他喜欢的"清秀女子"只能分享他的富贵，而不能分担他的不幸，用中国的俗语说，就是"只能同富贵，不能共患难"。她在培根垮台之后就离开了他，培根死后不久就再嫁了。他们没有孩子。奄奄一息的培根身边没有任何亲人陪伴，他一定感到了深深的孤独。他 18 岁死了父亲，40 岁时失去了哥哥安东尼，49 岁时老母亲也离他而去。他也许没有享受到爱情的甜蜜，直到中年才娶妻成家，而他的妻子也并非贤妻，没有为他生下一男半女，在他落难的时候又在第一时间离开了他。在临终时，他躺在病榻之上，孤独地等待死亡的来临。在弥留之际，也许他想到了儿时母亲对他的精心照顾和陪伴，想到了没有了父亲之后母亲对他的长期鼓励和支持。一生的奋斗、拼搏，几十年的兴衰、荣辱，没有什么人能给他慰藉，只有母亲在无私地关爱着他、祝福着他。现在母亲可能正在天堂里亲切地呼唤着他。他就要看到她了。培根在遗嘱中说："我希望把自己安葬在圣阿尔班斯附近的圣迈克尔教堂，我的母亲就葬在那里。"

培根纪念碑

关于培根的葬礼我们知之甚少。在参加葬礼的朋友、门徒中，有霍布斯、劳莱等人，也许还有培根忠诚的奴仆，他们追随这位伟人直到他永久的安息之地。培根死后，他的遗产处理权被交给了他的两位债权人。虽然他在遗嘱中指明为自己的仆人留下一些财产，并规定了为大学设立奖学金的数额。但他的所有财产总共价值 13000 镑，而所负债务则高达 23371 镑，资不抵债，因此他实际上没有留下什么财产。最终，他的藏书散落民间，现已无任何踪迹可寻。而他的绝大多数手稿为他忠诚的牧师劳莱博士所继承，日后进行了精心的编辑和出版，而培根的朋友威廉·波塞尔爵士所继承的那一小部分手稿如今已全部散失。这位伟人终于离开了这个世界，离开了这个曾让他伤心、绝望，也曾让他享受荣华富贵的世界，他的"灵魂交给了上帝"，他的名声远播世界各个角落，而他的著作和思想则成为全人类最为宝贵的精神财富。

培根虽然离开了人世，但他的理想继续指引人类向前迈进。就在培根死后的第三十六年，英国皇家学会宣告成立。著名诗人亚布拉罕·考莱在其《皇家学会颂歌》中写道：

从我们流浪的先行者走过的

那些漫长的错误的道路。

像古希伯来人那样，

在小小的沙漠里多年迷途，

培根，有如摩西，终于把我们领出。

他所越过的那荒漠的旷野，

正在上帝应许的幸福土地的边沿，

从他的智慧的高峰，

他自己看到了这块乐土，

而且还把它告诉给我们。

皇家学会秘书托马斯·斯普拉特主教在《皇家学会史》中同样写道："我只要提一位伟大的人物，他对于现在已经开始的这个事业的全部范围怀有真正的想象；那就是培根爵士；在他的书里到处有可以用来为试验的哲学作辩护的论点，以及为了促进这种哲学所必需的最好的指导：这一切他已经用很多的艺术手法加以修饰，如果我自己的愿望是能说服那些使我写这部书的好友，那这部皇家学会史就不会有别的序言，只要把他的一些著作用上就行了。"因此，英国皇家学会本身就是培根最伟大的纪念碑。

一百年后，伟大的法国思想家、启蒙运动的公认领袖和导师、被称为"法兰西思想之父"的伏尔泰（1694～1778）流亡英国，并对英国现代政治、宗教、经济、文化和科学进行了深入的研究，《哲学通信》就是他三年期间在英国的观感，其中专门谈到了弗朗西斯·培根。伏尔泰指出："现在英国人都敬仰培根，所以不愿承认他有罪。倘若您问我作何感想，为了回答您，我要引用我从波令布鲁克爵士那儿听来的一句话。有人在波令布鲁克面前说起马尔巴罗公爵被人诽谤的吝啬情形，叙述了一些有关的形迹，请求波令布鲁克爵士作证。波令布鲁克本是马尔巴罗公爵公开的仇敌，也许能够庄重地说出是怎么回事来。他却回答说：'这是一个很伟大的人物，我简直忘记了他那些缺点。'"伏尔泰还告诉我们，什么样的历史人物才是真正伟大的历史人物。

不久之前，在一个著名的集会上有人争论这样一个陈腐而烦琐的问题：恺撒、亚历山大、铁木尔、克伦威尔等人，哪一个是最伟大的人物。有人回答，一定是牛顿。这个人说得有点道理；因为倘若伟大是指得天独厚、明理诲人的话，像牛顿先生这样一个 10 个世纪以来的杰出的人，才真正是伟大的人物；至于那些政治家和征服者，哪个世纪也不缺少，不过是些大名鼎鼎的坏蛋罢了。我们应当尊敬的是凭真理的力量统治人心的人，而不是依靠暴力来奴役人的人，是认识宇宙的人，而不是歪曲宇宙的人。

所以，您既然要求我跟您谈谈英国所出的名人，我就从培根、洛克、牛顿之类的人物谈起。应当从有名的维鲁兰男爵谈起。他在欧洲以培根这个名字闻名，培根是他的姓。他是英国掌玺大臣的儿子，在英王詹姆斯一世陛下跟前任掌玺大臣多年。然而，宫廷的阴谋诡计和他本身职务繁忙，是需要占据一个人的全部精力的，他却能找出时间来成为一个大哲学家、良好的史学家和出色的作家；还有更使人惊奇的，就是他生在一个没有人懂得写作艺术，更少有人懂得良好哲学的时代。如同人们之间通常的习惯那样，他死后比生前更受人尊重：他的敌人都在伦敦的宫廷里，他的崇拜者却布满全欧洲。

事实的确如此。也许培根的人格深深地印刻着时代的局限，但不久就被人原谅，而他的理想和哲学则成为指引人类历史发展的明灯。他是新时代的开创者、未来的预言家，他的理想一步步被实现，而他的名字则变得越来越伟大。

第 2 章

培根的著作

一、培根著作概览

在仕途上，培根的一生可谓大起大落，经过多年的艰苦攀爬，他最终登上了权力的顶峰，但这政治上的辉煌又几乎在一夜之间便土崩瓦解。相比之下，培根在文学和哲学上的名声一直在稳步增长。他执着地追求地位和权力，一方面是出自控制的欲望和生活的需要，但另一方面也是想借助权力实现他在知识上的梦想。所以，培根在繁忙的公务之余，一直在推进着自己在哲学上的工作，并留下了大量的著作，成为人类思想中的宝贵财富。

培根留下的著作中，主要部分基本在其生前就已经发表。除此之外，他还留下大量的手稿，有些已经完成，有些则只是一些未完成的片段。另外，培根的大量书信也是其作品中的重要组成部分。培根学问广博，因此对这些作品进行分类很难做到准确、精细，但从整体上看，这些文献大致可以分为三类：一是法律方面的著作，二是文学作品，三是哲学和科学方面的论述。

　　培根的职业生涯与法律紧密相关，所以毫不奇怪，他会留下一些法律方面的专门著作，如《英格兰普通法要义》《法律箴言及论法律的使用》《英格兰检察长培根爵士对决斗的指控》，以及《英格兰和苏格兰法律提要》等。培根是一位杰出的律师和法律学家，对17世纪中叶英国的法律改革运动产生了重大的影响。与培根同时的爱德华·考克也是一位卓越的法学家，他不但是培根政治上的敌手，在法律问题上二人也表现出完全不同的风格。培根自己曾说："我很期望，如果考克的法律报告和我的裁定、判决能传之后世的话，人们会如何争论如下问题：谁是更伟大的法学家？"正如我们在前文中提到的，考克的法学造诣更多地体现于他对技术细节的精熟掌握上。相比于培根，也许他掌握了更多的案例，更熟悉法律条文的字面意义。但毫无疑问，培根对法律的理解却是在更高、更广博的层次上，提出了很多对抽象原理和伦理准则的真知灼见，这足以弥补细节上的任何缺陷，并成为英国法律改革和发展的宝贵思想资源。

　　在培根的文学作品中，最重要的无疑是《论说文集》（*The Essays*）。虽然没有充分的证据表明培根就是威廉·莎士比亚名下那些作品的作者，但是单凭《论说文集》就可以奠定他在英国现代文学史上的伟大地位。《论说文集》中的文章都短小精悍，语言简练清晰，道理深刻隽永，很多说法已经成为广为流传的格言和家喻户晓的名句。《论说文集》第一版发表于1597年，只有十篇文章；到1612年第二版，已经增加到三十八篇；1625年，《论说文集》的第三版已经增加到五十八篇文章。

　　除了《论说文集》，培根还有一些有关基督教、神学和历史方面的作品，也可以算作其文学作品中的一部分。在历史类著作中，最重要的当属《亨利七世史》。《亨利七世史》一书有很高的史学价值，清晰、生动地叙述了亨利七世统治时期的历史以及亨利七世本人的个性。除此之外，还有一些关于英国历史的片段，如《亨利八世史》。在宗教方面，培根的一些作品也在历史上发挥过重要影响。

培根的文学作品中有一篇历来为人们所忽视，那就是《论古人的智慧》。有学者把这部作品视为培根的哲学作品，似乎并不恰当。因为培根在这本书里讨论的主要是古代的神话和寓言中蕴含的智慧，他选取了三十多个神话寓言故事，以自己的想象、才思和人生经验，对之进行了极富创造性的解读，揭示了这些故事中蕴含的政治、宗教、伦理、科学等多方面的智慧。

培根作品中最主要的部分是哲学和科学方面的著作，这也是培根本人自认为最重要的部分。按照他自己的判断，最大的理想就是对人类的知识进行重建，并阐述帮助人类获取新知识的新方法。为了实现这一构想，培根提出了一个雄心勃勃的计划，并以"伟大的复兴"为名。因此，他所有相关的著作都以这一计划为轴心。对于这一点，培根的朋友牧师劳莱在其权威著作《培根传》中有如下叙述："我总是有这种想法，如果有一道知识之光由上帝那里落到现代任何人身上的话，那就必然是落在他身上的。因为他虽然是一个博览群书的大读书家，可是他的知识不是来自书本的，而是来自他本身的理性和见解的；不过，这些东西他是小心翼翼吐露出来的。他的著作《伟大的复兴》，据他自己说，是他著作中最重要的。这本书一点也不是他的脑子里的无价值的空想，而是一个固定的、考虑成熟的概念，是多年的辛勤的产物。我本人至少看见过《伟大的复兴》的 12 个不同的本子，都是年复一年修改过的。"

劳莱提到《伟大的复兴》的十二个稿本也许是培根为准备此书而写就的不同的片段和篇章。实际上，所谓《伟大的复兴》并没有完成。因为按照培根本人的计划，《伟大的复兴》应至少包括如下几个部分：一、导论，批判旧方法；二、科学的分类；三、"新工具"；四、自然史；五、理智的阶梯，研究具体的科学问题；六、为某些科学结果做出预测；七、描绘一个科学的乌托邦。1620年培根出版的《伟大的复兴》实际上就是现在人们所熟知的《新工具》，不过是计划中的一个部分。

这样，按照培根本人的工作计划，有学者把培根实际留下的作品分为七类：一、《关于自然的解释》（1603），《各家哲学的批判》（1609）；二、《学术的进展》（1603~1605）；三、《几种想法和几条结论》（1607），《新工具》（1608~1620）；四、《自然史》（1622）；五、《林木集》（1624）；六、《起源论》（1621）；七、《新大西岛》（1623）。

尽管培根最终没有完成自己的写作计划，但他围绕这一计划完成的几部著作对人类社会的进步产生了巨大的影响，直到现在仍然具有重要的思想价值和现实意义，如《学术的进展》《新工具》和《新大西岛》这几部著作一直为人们所重视。

二、《论说文集》

《论说文集》（*The Essays*）是培根影响最大的著作。该书第一版印行于1597年，只有十篇短文。培根把这本书题献给哥哥安东尼，在献词中，培根说他出版这本小册子，就像是害怕坏邻居偷吃他果园里的果实，而在果子成熟之前便采摘下来。该书出版之后很快脱销，于1598、1604和1606年重印。

1612 年,《论说文集》第二版印行,文章的篇数增加到了三十八篇。实际上,这一版的目录页上有四十篇文章,但最后两个题目(39. 论公开,40. 论战争与和平)并没有相应的文章,因此实际上只有三十八篇。1613 年重印时,又重补了"论信誉与名声",因此目录上就有了四十一篇,但实际上是三十九篇文章。此后,《论说文集》仍然不断被重印,甚至出现了多种盗印的版本。

1625 年,即培根去世的前一年,印行了《论说文集》的第三版。这最后一版不仅又增加了近二十篇文章,使得该书的篇数达到了现在的五十八篇,还有原来的多篇文章得到了扩充和修改。这五十八篇文章的题目为:

1.《论真理》

2.《论死亡》

3.《论宗教的统一》

4.《论报复》

5.《论逆境》

6.《论伪装与掩饰》

7.《论父母与子女》

8.《论婚姻与单身》

9.《论嫉妒》

10.《论爱情》

11.《论高位》

12.《论勇敢》

13.《论善与性善》

14.《论贵族》

15.《论叛乱》

16.《论无神论》

17.《论迷信》

18.《论旅行》

19.《论帝王》

20.《论建议》

21.《论时机》

22.《论狡猾》

23.《论自谋的智慧》

24.《论革新》

25.《论敏捷》

26.《论小聪明》

27.《论友谊》

28.《论花费》

29.《论邦国的真正伟大之处》

30.《论养生》

31.《论猜疑》

32.《论言辞》

33. 《论殖民》　　　　　34. 《论财富》

35. 《论预言》　　　　　36. 《论野心》

37. 《论化装舞会》　　　38. 《论人性》

39. 《论习惯与教育》　　40. 《论幸运》

41. 《论高利贷》　　　　42. 《论青年与老年》

43. 《论美》　　　　　　44. 《论残疾》

45. 《论建筑》　　　　　46. 《论园艺》

47. 《论谈判》　　　　　48. 《论请托者》

49. 《论谣言》　　　　　50. 《论读书》

51. 《论派系》　　　　　52. 《论礼仪和尊敬》

53. 《论称赞》　　　　　54. 《论虚荣》

55. 《论信誉与名声》　　56. 《论司法》

57. 《论愤怒》　　　　　58. 《论变迁兴衰》

　　第三版也不断重印，并很快出现了拉丁文译本、意大利语译本和法语译本。从 17 世纪以来，《论说文集》被重印再版的次数已经不能胜数，并被翻译成很多国家的语言。从《论说文集》第一版发表时的 36 岁，到第二版时的 51 岁，直至临终前一年第三版时的 64 岁，培根一直用自己的生命在修改、充实着《论说文集》。培根的一生，有苦难和艰辛，有宠辱和沉浮，有希望和绝望，有失意也有得意，有失败也有成功，可以说，几乎人生的各种滋味他都品尝过，对爱情与婚姻，事业与家庭，财富与名望，情感与知识，他都进行了仔细的思索。很少有人有像培根这样丰富多彩的人生阅历，也很少有人能像培根一样从这些阅历中提炼出人生智慧的涓涓细流。

　　可以说，《论说文集》是培根最精美的文学作品。培根曾说："有些书可以尝尝，另外一些书可以咽下，只有很少量的书可以咀嚼消化。"显然，培根的《论说文集》就是我们必须慢慢品味、咀嚼、消化的著作。正如美国著名哲学家杜兰特所说的，这本书让人惊讶之处在于，"在这么一个小碟子里，你会发现有那么多美味，而且做工那么精细，味道那么鲜美，实在令人赞叹。培根憎恨铺张辞藻，也不屑多费一个字；在每一小段里，他供给我们无尽的财宝；每一篇论文都只用一两页篇幅，却给了我们一个伟人有关人生主要问题的精品。很难说内容与形式谁更能取胜；因为他的语言在散文中就像莎士比亚的语言在诗歌中一样，是无与伦比的。他的文风有点像塔西佗的刚健文笔，简洁又富有光彩；自然，它的简洁有些是得之于擅长引用拉丁成语和短语。但它所含的丰富隐喻却是伊丽莎白时代的特色，并反映了文艺复兴的熠熠光辉；英国文学中，无一人富有如此含蓄而精辟的比喻了。"

因此，学者们称赞这本书是"划时代的名著"，它与法国思想家蒙田的《随笔集》和巴斯卡的《沉思录》一起被称为现代欧洲哲理散文的三大代表作。诗人雪莱称赞培根的《论说文集》说："他的文字有一种优美而庄严的韵律，给感情以动人的美感，他的论述中有超人的智慧和哲学，给理智以深刻的启迪。"三百多年来，这本书不知影响了这个世界上多少人的性格，也不知改变了多少人的人生历程。有学者评论说，即使培根没有留下别的著作，单凭《论说文集》，就值得人们感激。可以说，在世界文学的宝库中，《论说文集》是最伟大的著作之一。

培根的《论说文集》思想深刻但语言简洁而浅显，正如伟大哲学家黑格尔所评论的，"培根的著作自然充满着最美妙、最聪明的言论，但是要理解其中的智慧，通常只需要付出很少的理性努力。因此他的话常常被人拿来当格言"。这是此书能有如此广泛影响的主要原因。《论说文集》的中文翻译者何新指出，对于当代中国人来说，阅读几百年前培根的这一著作，仍然有两方面的意义：一方面，培根这部《人生随笔》（即《论说文集》）中的相当一部分篇章，不仅体现了文艺复兴时代古典人文主义者的价值理想，而且许多教诲和论述就是在今天看也毫无过时之感。这不仅是指那些久已脍炙人口的篇章如《论读书》《论美》《论爱情》《论狡猾》《论逆境》《论死亡》等，而且也包括其中一些论述宗教问题和政治问题的篇章，例如本书中的《论迷信》《论宗教的统一》两篇……

在中国，商务印书馆于 1942 年出版了水天同翻译的《论说文集》，从此之后，这本著作影响了一代又一代的中国人。如今，这本文集的中文译本已经是不计其数，大多冠以"培根随笔集""培根人生论""培根论人生""培根散文"等名称。除了水先生的译本之外，何新翻译的《人生随笔》是另外一个有较大影响的中文译本。现在，培根的《论说文集》，以及各种不同的中文译本仍是国内最受欢迎的书籍之一。

三、《论古人的智慧》

1609 年，培根出版了《论古人的智慧》一书，在他写给朋友的一封信中，培根说，这本书是他"在假期和国会期间写成的"，那时他既是格雷学院的资深律师，又是詹姆斯国会中的议员。不久前他终于获得了副检察长的任命，并最终成为星法院的书记官，他在议会中的表现也已经引起人们的高度注意。可以说，这时的培根正处于他事业真正起步的阶段。而在哲学上，培根正在展开他最艰苦的工作。他于几年前已经出版了《学术的进展》这部重要著作，同时还写出了"论人类知识"

"各家哲学的批判""关于自然的解释"等重要的片段。以上这些作品都是围绕着《伟大的复兴》展开的，而这本《论古人的智慧》显然与这个计划没有什么关系。

在这部作品中，培根选取了古希腊诗人作品中的三十一种神话进行了解读。培根献给英格兰财政大臣兼剑桥大学校长、培根的表哥索尔兹伯里伯爵的献词中说："若尊重时代，古代作品应是顶礼膜拜的对象；若尊重叙述形式，寓言则一直就是各门科学的精华部分积淀而成的弧形；尊重内容则要尊重哲学，它是美化和装点生活及人类灵魂的第二重要因素。"尽管学者们都不能确定培根为什么要写这样一本著作，但对于这本书他们却有着不同的看法。有的学者认为，"培根对古人寓言故事的这些解释，显然使得这些寓言故事的作者更聪明了"。此外，还有的学者则质疑培根在声称自己要恢复隐藏在神话和寓言中的智慧时，他在态度上是不是严肃的，换句话说，培根是否真的认为古人有他所解释的那些智慧，这是很值得怀疑的。如英国学者佩特森认为，"培根在这本书中的解释观根本不可信，他相信真实存在着这样的'古人的智慧'也完全是在装腔作势"。"他把假定存在着的古人智慧从根本上当作一种方法，通过有意的欺骗为自己的思想增添威信"，甚至"他创作《论古人的智慧》的意图准确来讲就是要欺骗大多数读者"。

笔者以为，佩特森指责培根有意欺骗读者显然并不恰当，但如果说培根不过是"恢复"了这些古代神话传说中"原有的智慧"也同样不是事实。对于古代的寓言和传说，我们可以假定可能有如下两种可能性：一种可能是这些传说的作者们创作这些故事纯粹出于娱乐的目的，没有任何寓意；二是这些作者们创作这些故事是有一定的意图的。第一条可能性显然不能使人信服，那么问题就是培根是否真的破解了这些故事中蕴含的

"古人的"智慧。实际上，对于这样的问题，培根本人在《论古人的智慧》的序言中就给出了明确的说明。他说道：

> 我想大多数人会认为我只是在赏玩玩具而已，任意解释诗人的寓言，与诗人创作这些寓言的方式没有什么区别。的确，若我有心思从事这样的娱乐活动，调节和减轻繁重的研究工作，供自己或读者消遣，那么我可能会乐此不疲。但我的本意不在于此。我深知，寓言的内容具有很强的伸缩性，你可以随意改变它的形状，一丁点儿技巧和诡辩就可轻而易举地把不属于它的意思强加到它头上，但看起来仍然合情合理。

显然，培根断然拒绝了接受类似佩特森这样的指责。他认为，"在古代诗人大量的寓言背后，一开始就隐匿着某种神秘和寓意"，因为"有些寓言连同故事的框架结构以及合乎人物身份的名字让我发现，它们与所指事物之间具有紧密而明显的联系与一致性，这不能不让人认为，这种含义是事先安排好的"。在培根看来，古人之所以用寓言的形式来阐明某些道理，而不是直接明了地说出来，是因为"当时人们的思维尚未开化，静不下心来研究不能诉诸感官的细微差别。正如象形文字先于字母文字，寓言要先于推理"。因此，古人就"利用寓言来教学，它能让人更易理解新发现或新发明，因为后者比较陌生和抽象，与大众的看法相去甚远"。所以，当时充满了比喻、寓言，这些比喻和寓言并不是要去掩盖或隐藏意义，恰恰相反，它们是让人明白意义。培根接着指出，就是现在，人们希望别人理解他的新发现，借助于比喻仍然是重要的手段。

因此，既然创作寓言的目的是为了让人明白某些道理，那就有必要把这些道理明确地揭示出来。问题是，培根揭示的意义是这些寓言蕴含的"原本"的意义吗？对于这个问题，笔者认为可以从两个方面来回答：一、对于寓言和比喻，时代不同、解释者不同，就会揭示出不同的意义，没有哪种意义可以被认为是"原本"的意义；二、对于培根这样的思想家来说，他对古代寓言传说的解读，也不可能仅仅从过去出发来"恢复以往的智慧"，他的目的是让古代的智慧在新时代焕发出新的光辉，正如他自己所说的，"这里是旧瓶装新酒，我们要把平坦开阔的地方抛到身后，勇往直前，向前方更高的山峰迈进！"

正是因为以上原因，《论古人的智慧》才在培根作品中占有重要地位。法灵顿指出，培根这本书之所以伟大，不是因为他好像找到了神话真正的原始含义，而是他从这些故事中抽绎出所需要的教训的巧思。所以，我们阅读培根的这部著作，与其把重点放在对古代神话寓言的认识上，不如放在培根所阐发的智慧上。

对培根解读的这三十一个神话故事大致可以进行如下的划分：一、政治的，包括《卡珊德拉或实话实说》《提丰或造反者》《赛克罗波斯和残酷大臣》《斯提克斯或协定》《珀修斯或战争》《恩底弥翁或受宠爱的人》《巨人的妹妹或谣言》《阿克罗斯或战争》《默提斯或商议》，共九篇；二、哲学的，包括《潘或自然》《亚克托安和彭忒乌斯与好奇心》《俄狄浦斯或哲学》《卡尔姆或物质的起源》《普罗透斯或物质》《丘比特或原子》《代达勒斯或技工》《厄尼克托尼俄斯或欺骗》《丢卡利翁或再生》《阿塔兰特或利益》《斯芬克斯或科学》《普罗塞皮纳或精神》，共十二篇；三、人生与道德的，包括《那喀索斯或自恋》《门农或早熟》《提托努斯或腻味》《朱诺的求婚者或羞耻》《涅墨西斯或世事无常》《狄俄尼索斯或欲望》《普罗米修斯或人类的状况》《伊卡罗斯的飞行；斯库拉和卡律布狄斯；

或中间道路》《塞壬或享乐》，共九篇；四、宗教的，《狄俄墨得斯或宗教狂热》一篇。

四、《学术的进展》

培根的《学术的进展》一书被视为英国历史上最珍贵的经典之一，在原创性上，鲜有其他的著作能与之相比。英国哲学家罗素认为《学术的进展》才是培根最重要的著作。《学术的进展》（二卷本）（*The Advancement of Learning*）出版于 1605年，后来培根又出版了增订版的拉丁文版本《论知识的发展与价值》（*De Augmentis Scientiarum/ Of the Dignity and Advancement of Learning*），因为培根觉得拉丁文是欧洲通用的文字，所以总是希望把自己最重要的作品译成拉丁语。《学术的进展》出版之后，马上为培根带来了崇高的声誉，奠定了培根作为思想家在当时最重要的地位，其受欢迎的程度甚至超越了《论说文集》。无疑，在《学术的进展》中，培根把他的文学才能发挥到了极致，使得该书成为当时有关各种世俗问题讨论的著作中最为出色的一部。如果说在此前出版的《论说文集》中，培根的智慧像星星点点的火花，那么，在这本书里，培根的思想则像是滔滔奔流的江河。

《学术的进展》是培根"伟大的复兴"计划的第一部分，其目的是要对当时的知识状况进行总体性的评估与批评，呼吁人们重视学术、尊重知识，并为知识的未来发展提出规划。在献给国王詹姆斯一世的题词中，培根明确提出了这本书的目标：

第一部分论及学问和知识的功效，兼及增广知识的价值和荣耀；第二部分论述为了知识的发展所采取的方法、所做的工作。在第二部分还讨论了过去工作中的缺陷和不足。

这是一项巨大的知识工程，涉及的内容可以说是包罗万象。在书中，培根广征博引，对当时整个的知识状况进行了梳理、批评，并提出了许多很有见地的建议和设想，展示出培根的超乎常人想象的广博学识。我国学者余丽嫦在评价《学术的进展》时说该书在欧洲学术史上占有重要的地位。它所阐发的科学分类，以及由此建立的科学知识体系的新结构，提供了当时人们不曾想过的百科知识的全图；它是近代科学分类的先导，在当时和后世都曾引起广泛的注意，17世纪英国皇家学会的建立，18世纪百科全书的编纂都从中受到巨大的激励和启迪。

1938年，商务印书馆出版了这本书的中译本《崇学论》，译者为关其桐。2007年，上海世纪出版集团又出版了刘运同的中译本《学术的进展》，它是目前我国最流行的译本。

五、《新工具》

1620年，在《学术的进展》发表了十五年之后，培根出版了《新工具》。为了这本书，他已经持续紧张工作了很多年。实际上，从1608年开始，培根就把构成这本书的一些有趣的部分发给他的朋友，其中最有名的就是《几种想法和几条结论》。这篇文章被认为是构成《新工具》的基础。他的朋友鲍德里称这篇文章"展示了培根的大师水准"。《新工具》用拉丁语写出，后来陆续有一些部分被译成英文，但最完整的英译本直到

1733 年才出现。

　　不过需要指出的是，本书最初出版的时候，扉页上的书名是《伟大的复兴》，而不是《新工具》。但是按照培根在该书披露出来的计划，"新工具"只是《伟大的复兴》的第二部分。因此，全书的书名应该是《伟大的复兴》，而不是《新工具》，后来人们再版重印的时候就直接用了《新工具》这一名称。

　　另外，在扉页上还有一幅画，画面上两艘船平稳地驶出海格里斯之柱（Pillars of Hercules），进入茫茫无际的大海。这幅画具有重要的象征意义。海格里斯是希腊神话里的英雄，他需要为国王欧律斯透斯完成十二件苦役才可摆脱他的统治并升格为神。其中一件就是要将巨人革律翁的牛群带给欧律斯透斯。在完成这项苦役的过程中，他来到直布罗陀海峡，建立了两座极为著名的海格里斯石柱，用来标示他出行最远的地点。后来在西方文化史上，海格里斯之柱象征着最远的地方。我们知道，西班牙国徽上盾牌两侧的柱子就是海格里斯之柱。据说，海格里斯之柱树立时，上面还刻有拉丁语的铭文"Non Plus Ultra"，意为"到此为止，再无一物"，就是说这就是世界的尽头。后来，随着西方资本主义的发展和航海探险风潮的兴起，特别是新大陆的发现，海格里斯之柱不再是世界的尽头，而成了走向新世界的大门。培根用这幅画来作为《伟大的复兴》的扉页，其用意十分明显，那就是，他把自己的工作与新大陆的发现相互比较。新大陆为西方人展示了一个新的世界，而培根的《伟大的复兴》则将带领人们走向知识的新世界。

　　美国哲学家威尔·杜兰特说培根的《新工具》是"史诗般的冒险"，是哲学史上最伟大的作品之一。"培根最伟大的著作是《新工具》"，甚至那些对培根最为挑剔的批评家也这么认为。《新工具》不但是培根本人最重要的著作之一，也是 17 世纪西方哲学的奠基之作。著名哲学家、哲学史家文德尔班在《哲学史教程》中评述 17 世纪欧洲哲学的发展时提出，"大量的近代哲学体系，其特点是通过考虑科学方法和认识论去寻求通往实质性问题的道路；特别是 17 世纪哲学可以被描绘为**方法的竞赛**"，而"经验哲学的纲领由培根制定"。在这部伟大的著作里，培根对古希腊哲学和中世纪哲学进行了严厉的批判，揭示了阻碍人们求得真知、产生谬误的根源，提出了新的科学的归纳方法，奠定了现代归纳法和经验论的基础。

培根的《新工具》乃是相对亚里士多德的《工具论》而言，培根认为亚里士多德的方法并不能为我们增加新知识，成为我们求知的有效工具，因此他要"为理解力开拓一条新路，而这条新路乃是古人未曾试行、未曾知道的"。具体一点说，就是：

> 我提议建立一列通到准确性的循序升进的阶梯。……我要直接以简单的感官知觉为起点，另外开拓一条新的准确的通路，让心灵循以行进。……现在我们要想恢复一种健全和健康的情况，只剩有一条途径——这就是，把理解力的全部动作另作一番开始，对心灵本身从一开始就不任其自流，而要步步加以引导……

> 如果另外有人不满足于停留在和仅仅使用那已经发现的知识，而渴欲进一步有所钻掘；渴欲不是在辩论中征服论敌而是在行动中征服自然；渴欲寻求不是那最美妙的、或然的揣测而是准确的、可以论证的知识；那么我就要邀请他们全体都作为知识的真正的儿子来和我联合起来，使我们经过罪人所踏到的自然的外院，最后还能找到一条道路来进入它的内室。

进入"自然的内室",单凭人的理解力自身是不够的,还需要借助一定的工具。就像人们平时做活不仅靠手,还要借助工具的帮忙,同样,我们认识自然,也需要理智上的工具。但是人们通常想当然地以为单靠我们的心智就足以达到我们的目的,"我们于虚妄地称赞和颂扬人心的能力之余,却忽略了给它寻求真正的帮助"。培根说:"赤手做工,不能产生多大效果;理解力如听其自理,也是一样。事功是要靠工具和助力来做出的,这对于理解力和对于手是同样的需要。手用的工具不外是供以动力或加以引导,同样,心用的工具也不外是对理解力提供启示或示以警告。"旧的工具显然不合用,我们需要新的工具,这就是为什么培根把自己的著作称为"新工具"的原因。

六、《新大西岛》

中文的"乌托邦"译自英文的"utopia",意为"理想中的美好社会"。1516 年,英国政治家、思想家托马斯·莫尔发表了《乌托邦》一书,在书中,莫尔虚构了一位航海家航行到一个遥远的神奇国度"乌托邦",描述了他在那里的所见所闻。乌托邦是一个完美的社会,财产共有,人人平等,并实行按需分配的原则。莫尔写作《乌托邦》的目的在于用理想来批判、讽刺丑陋、罪恶的现实,表达了对美好社会的向往。从此,乌托邦成为空想社会的代名词。实际上,最早的乌托邦可追溯至柏拉图的《理想国》,他从哲学、政治、法律、道德、教育等多个方面讨论了理想国家应该具备的形态。

显然,培根的"新大西岛"灵感来自柏拉图在《蒂迈欧》

和《克里蒂亚》两篇对话中描述的大西岛的神话传说。大西岛位于大西洋之中，是一块面积很大的岛屿。据说，海神波塞冬和一位民女生下十子，便由这十子及其后代统治此岛，而以其长子亚特拉斯（Atlas）为最高统治者，此岛被称为大西岛（Atlantis）。大西洋（Atlantic）的名字便来自于此。他们创造了极为辉煌的文明，技术发达，国家富强。后来大西岛上的人们生活日渐腐化，道德沦落，激起了天神宙斯和众神的愤怒，便降临地震与洪水，使得该岛一夜之间沉没于汪洋大海之中。这一神奇的陆地传说长久以来吸引着人们的想象力，也一定激发了培根的灵感，从而创作出《新大西岛》这部不朽的作品。

与其他乌托邦不同，培根的《新大西岛》的核心是科学技术在理想社会中占据了统治地位，既反映了17世纪初科学技术的发展，也表达了培根对科学技术进步及其对社会影响的乐观态度。所以从历史的角度看，培根的《新大西岛》与其说是乌托邦，倒不如说是一个伟大的预言。这本书很可能写于1624年（因为封面上没有标明日期，所以无法确定具体日期），但直到1627年即培根死后的第二年才面世，附在《林木集》的结尾。不久之后，《新大西岛》被翻译成法语（1631）和拉丁语（1633），在欧洲广为流传。

《新大西岛》被公认是培根作品中"最为有趣的一部"，劳莱在这本书的介绍中说："爵士构想的这个传说，其目的是想描绘一个学院的模型，这个学院的建立主要是为了解释自然，进行有利于人们福祉的伟大而奇妙的工作。"这本书继续描绘了培根对科学技术进步的伟大设想，这是他一生为之不懈奋斗的主题。有学者认为，《新大西岛》才是培根"对科学最伟大的贡献"。

第 3 章

培根的思想

　　培根是现代思想最重要的奠基者之一，他对人生很多方面的看法至今还可以为人们提供有益的指导；他对旧知识的批判和对新知识的展望，为人类知识的未来勾画了一幅宏伟的蓝图，深刻影响了后来人类知识的进步；在哲学思想上，他被尊为现代经验论之父，是欧洲现代哲学的开创者；是一位伟大的科学鼓吹家，尽管他提出的科学归纳法没有对科学的实际进程产生影响，但他却被称为现代科学的精神之父。从培根去世，至今已经过去了将近四百年的时间，但他提出的伟大思想却一直随着时代的进步而焕发出耀眼的光辉。

一、培根论人生

人生最大的快乐是追求真理

　　虽然培根把自己一生的主要时间献给了政治，但他实际上更爱哲学。尽管他在《论信誉和名声》中列举的都是一些政治家而没有哲学家，但在《论真理》中他却把最高的荣誉给了哲学。

在培根的心灵深处，探求真理、获得真知是他最大的追求，他力图实现柏拉图"哲学王"的梦想。因此，他赞美追求真理的美德，谴责弄虚作假的罪恶。培根说："要追求真理，要认识真理，更要信赖真理，这是人性中的最高美德。"在培根看来，获得真理是人生中最大的享受，他引用古罗马哲学家卢克莱修的话说："站在高岸上遥看颠簸于大海中的航船是愉快的，站在堡垒中遥看激战中的战场也是愉快的，但是没有能比攀登于真理的高峰之上，然后俯视来路上的层层迷障、烟雾和曲折更愉快了。"不过，这种快乐只有极少的人能够享受得到！这是一种"会当凌绝顶，一览众山小"的高远境界带来的愉悦，是"山重水复疑无路，柳暗花明又一村"后的豁然开朗产生的惊喜，这种体验只有那些勇敢无畏的探索者才能最终体会到。

不幸的是，很多人宁愿相信谎言和虚假，也不愿追求真理、相信真理。培根指出，因为真理会约束人们的想象，而谎言则更能迎合人类某些卑劣的天性。他说："希腊晚期哲学家中有人曾探讨过一个问题。他不理解，究竟是谬误中的什么东西，能吸引人宁愿坚持它。既然谬误不像诗那样优美，也不像经商那样能使人致富。我也不懂这究竟是为什么——也许因为真理好像平凡的日光，在它的照耀下人世间所上演的那种种化装舞会，远不如在烛光下所显现的幻影那样华丽。"培根比喻说：真理如同珍珠，在日光下澄澈地展现在人们的面前；但人们却更喜欢红玉或钻石，因为后者能在摇曳不定的烛光中幻化浮光。

因此不难理解，相比于真理，种种谎言和谬误更令人感到愉快。人们之所以不愿意接受真理，是因为真理会把人心目中的许多自以为是的幻觉、虚妄而武断的猜想一并扫除，从而将人的可怜本性暴露无余。他们那么可怜，那么忧郁，那么丑陋，以至于他们自己都厌恶。

尽管如此，谬误还是无法掩盖真理。培根说：无论如何，真理只接受自己的评判！对于那些谎言和种种根深蒂固的谬误，最终要受到审判！培根引用谚语说，那些欺诈的人，就像蛇一样，不配用脚走路，只配用肚皮走路！

学习、实践与旅行

要探索真理，不能只靠自己的决心和热情，首先要用已有的知识武装自己，这就需要读书与学习。高尔基说过，书是人类进步的阶梯，这句话的意思是说：人类已经获得的知识是进一步探索的基础，而这些知识都保存在书籍之中。因此，阅读与学习就是首要的事情。我们中国有句话，说"读万卷书，行万里路"，实际上说的就是学习与实践。

关于读书的意义，培根有一些精彩的论说，如：

读书使人充实，讨论使人机敏，写作则能使人精确。

读史使人明智，读诗使人聪慧，演算使人精密，哲理使人深刻，道德使人高尚，逻辑修辞使人善辩。

总之，"知识能塑造人的性格"。

读书学习的功用不仅如此，培根告诉我们，它还有医治我们各种精神缺陷的作用——正如身体上的缺陷可以通过适当的运动来改善一样。如，一个思维不集中的人，他可以研习数学，因为数学稍不仔细就会出错；缺乏分析判断能力的人，他可以研习形而上学，因为这门学问最讲究烦琐论证；不善于推理的人，可以研习法律案例，如此等等。这种种心灵上的缺陷，都可以通过求知来治疗。

但是人生短暂，我们用于读书的时间非常有限，因此要选择自己阅读的书籍。有的书很有价值，能增进我们的知识，为我们带来智慧和启发；但也有很多书则未必对我们有益，甚至可能还有害处。首先我们要选择那些有益的书，其次要针对不同书，选择不同的阅读方式。这样就可以有效地利用我们的读书时间，毕竟时间是最宝贵的。所以培根说：

> 书籍好比食品。有些只需浅尝，有些可以吞咽，只有少数需要仔细咀嚼，慢慢品味。所以，有些书只要读其中一部分，有的书只需知其梗概，而对于少数好书，则要通读，细读，反复读。

读书的目的是为了实践，因此培根反对死读书，读死书。他明确地说："读书太慢会弛惰，为装潢而读书是欺人，只按照书本办事是呆子。"书呆子只会照书本办事，而聪明的人则会灵活运用书本知识。培根说："狡诈者轻鄙学问，愚鲁者羡慕学问，聪明者则运用学问。知识本身并没有告诉人怎样运用它，运用的智慧在于书本之外。这是技艺，不体验就学不到。"他提醒我们要运用知识，而不是仅仅背记知识，而运用的智慧则来自于实践。

培根还告诉我们，除了读书，旅行也是一种学习的方式。在旅行的时候，我们应该学习该国的语言，最好携带一本介绍这个国家和地区的手册，并在旅行日记中记下我们的所见所闻。培根建议我们在旅行时注意观察如下几个方面的事物：政治与外交，法律与其实施状况，宗教、教会与寺庙，港口与交通，文物与古迹，文化设施，如图书馆、学校等。此外，培根还提醒我们注意如下问题：在结束旅行回到故乡后，不要立刻就把已去过的异国丢到脑后，更不要改头换面打扮出一身异国装束。在人们问及旅行情况时，最好只作为一个答问者，而不要向人们夸耀自己的经历，以免使自己在别人眼中成为一个出了一次国就忘记祖先风格的人。正确的做法是，要做一个善于把别国的优良事物移栽到本国土壤上的改良者。

奇迹总是出现于对逆境的征服中

没有人会一生都一帆风顺，总会遇到困难挫折。人们在顺利时会感到得意，而在逆境中则很容易变得绝望。人们自然事事都渴望顺利，但逆境未尝不是一笔更宝贵的财富。培根引用塞涅卡的一句名言说："幸运固然令人羡慕，但战胜逆境则令人钦佩。"人的成功并不总是来自于幸运，往往是来自于对困难的克服。伟人和凡人的区别并不是因为凡人更脆弱，而是因为伟人更坚强！

但是不是人人都能通过逆境的考验。培根说：幸运需要的美德是节制，而逆境需要的美德是坚韧，后者比前者更为可贵。这句话包含着深刻的人生智慧。人处于顺境之中，要注意不要得意忘形，因此一定要克制自己的言行。而当你身处困境，则一定要坚持！培根本人的人生为我们提供了一个真实的例子。在仕途上，他曾长期处于困境之中，但他始终没有放弃，最终成为大法官。这得益于他身处困境但坚忍不拔的品格！对于前一句，培根早期的恩主埃塞克斯伯爵也为我们提供了一个绝好案例。他少年得志，但不懂得克制，最终招致了灾难。所以培根告诫人们，"一切幸福都并非没有烦恼，而一切逆境也决非没有希望"。逆境是锻炼生命的熔炉，是酝酿希望的胚胎。人的美德犹如名贵的檀香，通过烈火会散发出最浓郁的芳香，最美好的品质也正是在逆境中被显示的。

与逆境相比，幸运更为人们所羡慕。战胜逆境靠的是个人坚忍不拔的品质，而把握幸运则需要人自身的能力，幸运只属于那些有准备的人！所以，培根说："不容否认，一些偶然性常常会影响一个人的命运，但另一方面，人之命运也往往是由人自己造成的。正如古人所说：每个人都是自己的设计师。""炫耀于外表的才干令人赞美，而深藏不露的才干才能带来幸运，这需要一种难以言传的自制与自信。西班牙人把这种本领叫作潜能，即一个人具有优良素质，且能在必要时发挥这种潜质，从而推动幸运的车轮转动，这就叫潜能。"

自身具备了必需的潜质，才有可能得到幸运女神的眷顾。但幸运之机好比市场价格，稍一耽搁，价格就变。所以，善于识别与把握时机是极为重要的。培根说："在一切大事业上，人在开始做事前要像千眼神那样察视时机，而在进行时要像千手神那样抓住时机。"在我们事业发展的过程中，许多幸运、机遇如果没能抓住，它就会一闪而过，"所以古谚说得好，当机会老人送给你他的头发，如果没有一下子抓住，再抓就只能抓他的秃头了。在做一件事的开端识别时机，这实在是一种极难得的智慧。"

死亡征服不了伟大的灵魂

在《论青年与老年》中，培根用极为简洁准确的语言描述了青年与老年的区别："青年人富于直觉，而老年人则长于深思。青年长于创造而短于思考，长于猛干而短于讨论，长于革新而短于守成。老年人的经验，引导他们熟悉旧事物，却蒙蔽他们无视新情况。……青年的性格如同不羁的野马，蔑视既往，目空一切，好走极端。勇于革新而不去估量实际的条件和可能性，结果常因浮躁而改革不成。老年人则相反，议论多于决断。为了不事后后悔，宁可事前不冒险。因此，最好的办法是把青年的优点和老年的优点结合起来。老年人经验是可贵的，那么青年人的纯真则是崇高的。"

对每一个人来说，总会由青年走向老年，并最终死去。尽管每个人都要面对死亡，但对待死的态度却人人不同。对于绝大多数人来说，死亡也许是这个世界上最可怕的事情。一谈到死，往往带给人的是莫名的恐惧，正如培根所说："人们惧怕死亡，就如儿童惧怕黑暗。"儿童害怕黑暗是因为自己需要得到保护，而成人害怕死亡同样是出于某种软弱。小孩需要面对黑暗的勇气，大人同样需要面对死亡的理智。培根说："与其愚蠢而软弱地视死亡为恐怖，倒不如冷静地看待死——把它看作人生必不可免的归宿，看作对尘世罪孽的赎还。"

所以，冷静的无神论者要看到死亡是自然规律，是"人生必不可免的归宿"，而那些有宗教信仰的人则可以将死亡视为"人生罪恶的救赎和通向天国的大道"。虽然一个人孤独地离去，确实让人感到无穷的恐惧与深深的伤感，但"人类的感情并非真的如此软弱，以至于不能抵御对死的恐惧"。培根指出，人类还有许多其他的感情，可以在强度上战胜对死亡的恐惧，如仇恨、爱情、荣誉和哀痛，"只有怯懦和软弱使人在还未死亡之前就先死了"。的确，有很多真实的故事可以证明培根的这一观点，有很多人可以为自己的恋人、亲人从容赴死，也有很多人为了人类崇高的事业、为了民族的利益而视死如归；还有的人则可以为了心中的某些信念而甘愿牺牲自己的生命。培根说："人生最美好的挽歌，无过于当你在一种有价值的事业中度过了一生后能够说：'主啊，如今请让你的仆人离去。'"死亡并不总是可怕的！对于那些为了某种伟大事业而跋涉一生的奋斗者来说，死亡是没有遗憾的歇息。培根说："死亡征服不了伟大的灵魂。"是啊！对于这些人来说，就是死亡也不能改变他们灵魂的本色！

爱情、婚姻与友谊

培根对爱情与婚姻的看法似乎并不很乐观。他可能从未品尝过爱情的幸福，也似乎没有享受过家庭的天伦之乐。他认为，在人生中，爱情常常招致不幸。"它有时像那位诱惑的魔女，有时又像那位复仇的女神。"培根把爱情和嫉妒视为人类最蛊惑人心的两种情欲，因为它们都使人丧失理智。他说："甚至最为骄傲的人，也甘愿在情人面前自轻自贱。"他认为爱情实在是"愚蠢的儿子"，那些沉溺于爱情的人，"甘愿放弃财富与智慧"。因此，培根告诫人们，应当十分警惕这种感情，因为它不但会使人丧失其他，而且可以使人丧失自己本身。

对于婚姻，培根的态度同样悲观失望。他在写给姨父伯莱的信中说："一个人刚一结婚，思想就老了七岁。"培根自己的婚姻可以用"不幸"来描述，他觉得"美满的婚姻难得一见"，并有些不平地说，"常可见到许多不出色的丈夫却有一位美丽的妻子"，而培根本人显然没有这样的运气。因此在培根的眼里，"结婚成家的人，可以说对于命运之神付出了抵押品。因为家庭难免拖累事业，使人的许多抱负难以实现"。

不过，培根也不赞成独身。那些独身者"很难成为最好的公民"，"他们随时可以迁逃，所以差不多一切流窜犯都是无家者"。而且，对家庭的责任心不仅是对人类的一种约束，也是一种训练。那些独身的人"不懂得怎样去爱他人"。培根说：

在人生中，妻子是青年时代的情人，中年时代的伴侣，暮年时代的守护。

与婚姻相比，友谊对人生同样重要。培根把很多赞美的语言献给了友谊。他说："夫妻之爱，使人类繁衍。朋友的爱，致人以完善。"友谊对人生是不可缺少的。如果没有友情，生活就不会有悦耳的声音。在没有友谊和仁爱的人群中生活，那种苦闷正犹如一句古代拉丁谚语所说："一座城市如同一片旷野。"培根说："得不到友谊的人将是终身可怜的孤独者。没有友谊的社会只是一片繁华的沙漠。因此那种乐于孤独的人，其性格不是属于人而是属于兽的。"

朋友可以疏导你的愤懑和抑郁："除了一个知心朋友以外，没有任何一种药物可以治疗心病。"对于朋友，你可以尽情倾诉你的忧愁与欢乐、恐惧与希望、猜疑与烦恼。总之，那沉重地压在你心头的一切，通过友谊的肩头而被分担了。因此，就是很多君王也不能没有友谊。关于友谊，培根有一段脍炙人口的名言：

> 友谊的奇特作用是：如果你把快乐告诉一个朋友，你将得到两个快乐；而如果你把忧愁向一个朋友倾吐，你将分掉一半忧愁。所以友谊对于人生，真像炼金术士要寻找的那种"点金石"。它既能使黄金加倍，又能使黑铁化金。实际上，这也是一种很自然的规律。在自然界中，物质通过结合得到增强。而人与人之间难道不也正可以如此吗？

此外，正如培根所说的，友谊还能"致人以完善"。这是说，友谊不但能调剂人的感情，还可以增进人的智慧。因为友谊不但能使人摆脱暴风骤雨的感情走向阳光明媚的晴空，而且能使人摆脱黑暗混乱的胡思乱想而走入光明与理智的思考，这不仅是因为一个朋友能给你忠告，而且任何一种心平气和的讨论都能把搅扰在你心头的一团乱麻整理得井然有序。所以，有时与朋友作一小时的促膝交谈可以比一整天的沉思默想更能使人聪明。最能使人心灵健全的莫过于朋友的良言忠告。阅读伦理的教条不免感到枯燥。以他人的过失为鉴戒，有时也未必切合自己的实际。自我改善的最好办法无过于朋友的告诫。事实上许多人（包括伟人）之所以做出终身悔恨之事，就是由于他们身边缺乏益友。总而言之，当一个人面对危难的时候，如果他平生没有任何可以信托的朋友，那么我只能告诉他一句话——他只能自认倒霉了。

论嫉妒、猜疑、自私、报复

培根对人性的描述也许是《论说文集》的重要特点之一，所以哲学家威尔·杜兰特说，"培根是一个坦诚的人性分析家，把手中的箭射向每个人的心田。哪怕是世界上最陈旧的话题，他也有令人耳目一新的创见"。确实如此，培根关于嫉妒、猜疑、自私、报复等都提出了独到而深刻的看法。

培根认为，在人类的各种情欲中，嫉妒是最蛊惑人心的情欲之一。它于人于己都极为有害，嫉妒的目光所及，总能带去阴险和灾难。嫉妒别人的人总是一些无德者，这些人由于自身缺乏某种美德，所以只能通过贬损、诋毁别人的美德来得到自己心理上的平衡。由于嫉妒别人，他们喜欢打听别人的闲话，试图通过发现别人的不快来获得自己的快乐。培根指出，如下几种人容易产生嫉妒之心：有某些难以克服缺陷的人，经历过巨大灾祸或打击的人，虚荣心很强的人，身边的同事朋友升迁发迹的人。培根特别指出了一个普遍心理，那就是人可以允许一个陌生人发迹，却绝不能原谅一个身边人的上升。在培根看来，嫉妒总是来自以自我与别人的比较，没有比较就没有嫉妒。培根举例说，皇帝不会受到嫉妒，是因为皇帝只有一个。而一位有着崇高德行的人，也不太会受到嫉妒，是因为别人的幸福乃是建立在他的德行之上。他们不会受到嫉妒，乃是因为一般人与之相比根本没有什么可比性。

毫无疑问，嫉妒可以给被嫉妒者带来灾难，那么如何避免嫉妒而自保呢？培根提出了一些狡猾的建议。一是尽量做出受苦的样子，告诉别人自己是如何如何艰难困苦才换取了当下的成绩，以唤醒别人的同情来抵消他们心中的嫉妒；二是要为别人的嫉妒留下一点余地，让别人在无关紧要的事情上占点上风，以获得某种平衡，这也是一种聪明的做法，而不是自大地在一切事情上都要显示自己的优越；三是不妨坦诚承认自己的优越地位，而不是遮遮掩掩，因为如果那样的话，似乎表明自己都觉得自己是不配享受那种幸福的，这种作假"简直就是在教唆别人来嫉妒自己了"。

总之，嫉妒是人类各种情欲中最持久、最顽强的，他为别人带来灾难的同时，嫉妒者自身也没有获得真正的幸福，因此是害人不利己的行为。所以培根说，嫉妒是一种卑劣下贱的情欲，是一种属于恶魔的素质。

与嫉妒一样，猜疑也是迷人心智的，它能使你陷入迷惘，混淆敌友，从而破坏人的事业。

猜疑往往是由于缺乏判断力，根源在于对事物缺乏认识，所以多了解情况是解除疑心的有效办法。"当你产生了猜疑的时候，你最好还是有所警惕，但又不能表露于外。这样，当猜疑有道理时，你已经预作了准备而不受其害。当这种猜疑没有道理时，你又可避免因此而误会了好人。""人尤其要警惕由别人流传来的猜疑，因为这很可能是一根有毒的挑拨之刺。"培根建议人们，如果可能的话，最好能对你所怀疑的对象开诚布公地谈一谈，以便由此解除或者证实你的猜疑。"但对于那些卑劣小人，这种方法是行不通的。"

在人的生命中总会无辜受到别人的伤害，如果从此你就念念不忘宿怨而积心寻求报复，你"过的将是一种妖巫般的阴暗生活"。培根认为，对于文明和法律社会来说，报复是一种野蛮的司法。如果伤害你的行为已经触犯了法律，那么要诉诸法律来惩治这样的罪行；如果法律无法追究这样的冒犯行为，你也没有必要为此而耿耿于怀。这是因为，过去的事情毕竟过去了，是不能再挽回的。既然如此，智者总是着眼于现在和未来，念念不忘旧怨只能使人枉费心力。培根说，既然作恶的人无非是出于自己的私利，因此我们何必因为别人爱自己胜过爱我们而发怒呢？对于那些生性凶恶的人，我们更没有必要生气，因为害人不过是他的本性。一个不能忘怀旧仇的人，他的伤口将永远难以愈合。

所以，培根提倡宽容。他说："如果有度量宽谅别人的冒犯，就使你高于冒犯者了。"但害人者总是得不到制裁，那好人就永远会倒霉，所以某种正大光明的报复也许是需要的。培根告诫我们，我们的目的不仅是让作恶者受苦，更重要的是让他们悔过，所以切记我们自己的报复一定要光明正大，要在法律许可的范围内，否则，你就会受到两次伤害：一是作恶者对你的伤害，二是法律对你的惩罚。同时你的仇人却占了两次便宜。

培根建议人们，应当把私利之心与公共利益理智地分清。在为自己谋利益时，不要损害他人，更不能损害社会与国家。对于一个公民来说，自私自利永远是一种坏品质。这种人总是把一切事物都按照一己私利的需要加以歪曲，其结果没有不危害社会的。所以，培根提醒君王，要杜绝任用这些自私的人，他们会为了自己的利益而牺牲国家和社会的一切，成为最无耻的贪官污吏，他们谋求的不过是一身一家的幸福，损害的却是整个国家和社会。

善就是有利于人类。如果人不具有行善的品格，他不过就只是卑贱的鼠辈，既可憎又可鄙。过分的权势欲曾使得撒旦堕落成魔鬼。过分的求知欲也曾使人类的祖先失去乐园。但唯有行善的品格，无论对于神或人，都永远不会成为过分的东西。

但人性中这种仁善的倾向，有时也会犯错误。所以意大利有句嘲讽话："过分仁慈，就是傻瓜。"马基雅维利曾写道："基督教的教义使人成为软弱的羔羊，以供那些暴君享用。"为了不做滥施仁爱的傻子，我们要注意，不要受有些人的假面具和私欲的欺弄，而变得太轻信和软心肠。轻信和软心肠常常诱使老实人上当。

我们在做好事时，不要先毁了自己。否则，就得不偿失。所以，人心固然应该向善，而行善却不能仅凭感情，还要靠理智的指引。

珍惜自己的幸运

在培根的一生中，有两个重要人物与他的关系极其密切，一个是年轻的埃塞克斯伯爵，一个是年轻的白金汉公爵。前者是伊丽莎白女王的宠臣，而后者是詹姆斯一世的宠臣，他们二人都是因为年轻美貌而得宠，也都在年轻时便因为自己的性格丢了性命。所以，培根在《论古人的智慧》里着重讨论了这样的话题。

一个例子是那喀索斯。在希腊神话里，美少年那喀索斯

（Narcissus）生性高傲自大，他鄙视别人，甚至拒绝了森林女神的求爱。有天他走到溪水边看到水中自己的倒影，不禁迷恋起来，直至变成了花朵，即水仙花。如今，"narcissus"被用来描述孤芳自赏的自恋行为。培根说，有一些人因为天生美貌（或有其他的禀赋），本来是件好事，但他们却因此陷入自恋而不能自拔，越来越脱离了广阔的人群，只生活在一小撮崇拜者的圈子里。于是他们性格越来越孤傲，越来越愚蠢，很快就失去了活力和热情，不但事业上再无进步，甚至还会丧失自己的生命。另外一个例子更有说服力。门农是黎明女神的儿子，他骁勇善战，在特洛伊战争时就名扬四海。但少年成名的门农被自己的名声蒙蔽了头脑，竟然敢独自挑战当时的第一勇士阿喀琉斯，结果被对方杀死。培根说："寓言似乎指那些远大前程的青年，他们英年早逝，令人扼腕。这些人急功近利，表面的浮华常常使他们目中无人，冒险去做力不从心的事业……结果……让他们灰飞烟灭。"

在罗马神话里，朱庇特为了追求朱诺，"变成了最让人耻笑、最下贱的布谷鸟"，"这只鸟经历了暴风雨，浑身上下都湿透了，战战兢兢，半死不活，一副可怜兮兮的样子"。培根解释说："人不能自负地认为，施展自己的才华就可以赢得其他任何人的尊重和好感。这要取决于对方的品性。如果对方没有真才实学，只是自命不凡，本性恶毒，像本寓言中的朱诺一样，那他该明白，自己千万不能显示出任何荣耀和尊严，哪怕微不足道的一丁点儿都不行。"培根不但有着长期怀才不遇的痛苦，也有着求婚时输给奸猾之徒考克的难堪。他这样解释朱庇特追求朱诺的神话，也许正是出自个人的痛苦经历。如此说来，培根对这样的事情终难释怀，就不如"人不知而不愠"的孔子来得更加潇洒和超脱了。

涅墨西斯是神话里的复仇女神，"她让权贵们和那些春风得意之人也感到恐惧。她的职责就是要打断幸运儿们的幸福状态，不让任何人享受永久的幸福。她不仅惩罚无礼行为，也会让无辜的中等幸福之家遭受不幸"。在培根看来，复仇女神是海洋之神和黑夜之神的女儿，象征着命运的动荡不安和前途的黑暗神秘。培根在这里强调的是"世事变化的突然性和不可预见性"，例如，"伟人常常死于自己最为不屑的危险之中"。复仇女神用"右手中的长矛"来攻击伤害对象，而用左手向那些没有遭受不幸的人"展示不详的神秘幻影，因为凡人即使在幸福的顶点也会预感到死亡、疾病、朋友的背信弃义、敌人的阴谋诡计以及命运的沉浮等诸如此类的事情"。最后，他告诉我们，只有那些"夭折的人可能逃脱女神的威胁"，而"那些飞黄腾达的人任何时候都受制于这位女神，仿佛把她驮在背上"。

给君王的建议

培根希望他的读者中包括那些身处高位的人，包括帝王、贵族和大臣，因此他为这类人也提供了自己的一些建议。他提醒那些高位者，"成功与美德是衡量人生事业的两种尺度，同时具备这两者的人是幸福的"。培根建议，掌权者应该研究历史，要分析好事是什么时候蜕化、怎样蜕化的，历史与当代有什么不同特点，要找出历史中最优秀的东西，找出现实最切用的东西。坐过高位的培根赞同那些高位者拥有的特权，但建议他们要默享而不可滥用，尤其不能干预法律。培根希望他们能善于接受有益的忠告和建议，提醒他们不要延误公务，杜绝受贿的恶习（培根正是因此而垮台），不可蛮横，更要注意不要被人欺惑，成为别人的傀儡。培根还忠告那些高位者尽量避免派系纷争。

在培根的时代，英国国王是英国的最高统治者。培根认为，君主制是最好的政体，因此帝王自然成为他所有政治理想的标尺。他自己从小就出入于宫廷，与两位国王打了一辈子的交道，并像他父亲一样坐到了掌玺大臣的高位，可以说十分了解帝王的心理与希望。此外，培根博学多识，很熟悉历史上各位伟大帝王的性格。他看到，"帝王的内心世界常常是无所可欲而多所畏惧，这真是一种可悲的心境"。为了逃避这种心态，明智的帝王往往没事也找点事做。这是因为"一个已经习惯于叱咤风云的人，一入无事寂寞之境，难免会走向颓废"。我们因此理解为何很多伟大帝王到了晚年会沉浸于各种迷信之中。

培根为帝王如何保持自己的威信提供了一个原则：善于保持威信者，是懂得恩威并施这种驾驭之术的人。他告诫帝王，"宽严两误是导致失败的原因"。此外，还要注意预防危机，而不只是考虑如何处置危机。他说："近代论权术者，所注意的重点，常常放在如何处置危机，而不是如何防止危机上。这就未免有点舍本求末了。"他提醒说，帝王最大的敌人不是来自外部，而是来自自己："任何帝王也难免有一些政治的对手，但最可怕的对手却隐藏在他们自己心灵中。他们生性多疑，他们的愿望常自相矛盾……但另一方面，他的敌人又似乎举目皆是——无论邻国、妻子、儿女、僧侣、贵族、绅士、平民还是士兵，稍有不测，就可能成为仇敌。"除此之外，培根还告诫说，要时刻注意邻国，要自强不懈；处理好自己的后宫及子嗣的关系；在宗教问题上，要重视宗教势力和世俗势力的结合；对于贵族，帝王应该和他们保持一定的距离，但不能过于压制；而对于绅士阶层，可以让他们放言高论，但不能使他们结社成团，可以利用他们制约贵族，也可以靠他们调节平民和帝王之间的关系；不要企图用高税率来压榨那些富人，他们是社会的血脉，商业的不发达只能导致国库财富源泉的枯竭；要注意平民中的精英，没有他们的发动和领导，一般老百姓不会起来闹事；而军队是一个危险的团体，可以采用分而治之的办法，常调换军官，但不要轻易用赏赐来刺激他们的贪欲。

培根对帝王还有一个重要的忠告，那就是要尊重建议。"作为君王，即使是一位英主，事实上也不必由于听取过某种忠告而感到羞愧。""对于一种事业，如果没有事前经过反复的推敲、斟酌、计议，就难免在执行中出难以预料的差错。"所以，"一种计划如果不先通过辩论的风波，就只能把它交给命运的波涛了"。培根举例说："历史上，所罗门懂得听取忠告和建议的重要性，而他的儿子却由于听信谗言而导致山河破碎。"所以，帝王要重视建议，但在听取建议的时候一定要谨慎。君主应该善于发现和使用那些诚实可信的人，并依靠他们监督和防范那些假公济私者。对于君主来说，最重要的职责就是善于辨言和知人，以免被各种私欲和谗伪所蒙蔽。对于君主来说，征询的方法有两种形式：一是公开的，一是私下的。这两种都各有益处。对于位高权重的大臣，不妨采用公开的方式，使他们在公众面前有所顾忌而出言审慎，对于位卑人轻者，则不妨采用私下的方式，这样他们敢于进言。君主在主持讨论的时候，不要先把自己的想法透露出来，如果那样的话，与会者将不敢再发表自己的意见了。

君王要尊重建议，而那些进言者则要注意进言的时机和分寸，否则就会好心得不到好报。培根曾向伊丽莎白女王、埃塞克斯伯爵、詹姆斯一世以及白金汉公爵等人提出了很多忠告和建议，可谓是深谙进言之道。培根告诉我们，那些进言者要顾及对象、时间、场合和口气等等，把握好进言的分寸，否则就会起到相反的效果。培根说："这些刚愎自用的人根本不愿意向和谐之神阿波罗学习怎样注意事情的分寸，掌握所谓言谈的轻重缓急，分清鸿儒与白丁，懂得何时应该开口，何时应该沉默。"如果进言者没有考虑到这些情况，只是粗暴、固执地阐述自己的看法，其结果会是："这些人不谓不聪明，不谓不坦诚，他们的建议不谓不合理，不谓不有益，但他们所有的劝说努力都于事无补，相反，听他们喋喋不休劝告的人却更快地走向灭亡。"明确说来，就是你的建议不是没人理睬，就是好心办了坏事，这些都是"不合时宜出力不讨好地给出意见或忠告"的结果。

在罗马神话中，天神朱庇特没有借助自己妻子朱诺就生出了帕拉斯，使朱诺大为不满，于是也设法在没有朱庇特的情况下生出了巨型怪物提丰。提丰长大后攻击、俘虏了朱庇特并挑断其筋。后来朱庇特儿子墨丘利偷回朱庇特，而朱庇特康复之后将提丰镇压。培根认为，这个神话影射了国王与造反者的命运。朱庇特象征国王，他独自生子象征他"独断专横"，最终导致叛乱，而提丰则象征造反者。提丰的一百个头象征割据的政权，喷火的嘴、身上的毒蛇象征灾难，铁手与鹰爪则象征强取豪夺，羽身则象征流言、恐惧等。朱庇特被俘虏、挑筋，意味着国王会遭受重创，而借着墨丘利这类大臣的帮助最终能够平定叛乱。培根说："他待人要和蔼可亲，制定法律要合理，讲话要亲切，这样才能安抚民心，让他们乐意供应给养，从而恢复自己的权威。"

在《论古人的智慧》中《珀修斯或战争》一文里，培根向统治者提出了一些关于战争的忠告：一、不要费尽周折去臣服周边国家，如果要增加版图，不妨考虑较远的地方；二、为正义而战，这样才能使军士们乐意打仗，百姓们愿意提供物资，朋友们乐意提供支持；三、要速战速决，不要打持久战；四、要准备充分。

罗马神话里，独眼巨人赛克罗波斯因为野蛮和残酷被囚禁，后来大地女神劝告朱庇特将他释放出来为他打造霹雳武器。朱庇特暗中派赛克罗波斯杀害曾因医术救人性命而触怒他的神医埃斯克拉庇厄斯，而后，神医的父亲阿波罗在朱庇特的允许下杀死了赛克罗波斯为自己的儿子报仇。这是典型的卸磨杀驴和替罪羊的把戏。培根说："国王起初惩罚了残忍苛刻的大臣，免去他们的官职。后来……从实用角度出发，再次启用这些大臣，因为国王这时需要执行严厉的刑罚和征收高额的税收。这些生性残忍的大臣很清楚主子要他们做什么，因此干起活来兢兢业业，不敢有丝毫怠慢。结果……做出令人生厌的事情。国王本人不愿为此承担责任，他也很清楚，这样的工具还有很多，于是就卸磨杀驴。……这样，在人们的欢呼声中，在对国王的称赞和祝福声中，这些人终于受到姗姗来迟的罪有应得的惩罚。"读到这段文字，我们不禁联想到，培根晚年因为专卖权一案成为替罪羊而最终下台的结局。

《论古人的智慧》中，《恩底弥翁或受宠爱的人》是一篇很有趣的文章，讲的是国王和宠臣的关系问题。月亮女神爱慕牧羊人恩底弥翁，趁他熟睡时从天上下来偷吻了他。虽然恩底弥翁喜欢睡懒觉，但月亮女神仍然保证他的绵羊长得又肥又壮。培根说，这则寓言很好地诠释了君主和宠臣之间的关系："君主们思虑颇多，生性多疑，不轻易亲近眼光敏锐、事事寻根问底的人，这些人警醒异常，仿佛总不睡觉。相反，君主们愿意宠幸老实顺从的人，这些人听任他们的指挥，也不多问，看起来愚昧无知粗心大意，像睡着的人……对这种人，君主们总是乐意放下架子。他们摘下平时压抑自己的面具，与这些人亲密交谈。他们认为在这些人面前，自己的所作所为没有什么危险。提比略（古罗马第二位皇帝）就是一个典型的难处的君主。他所宠幸的人很了解他，但都强装不知，近乎愚蠢。"培根一生历经伊丽莎白女王和詹姆斯一世两代君主，和他们的宠臣之间的关系非同寻常，因此他的认识可谓入木三分。

培根借助神话对国王（也许是詹姆斯一世）的品性也进行了揭发。他认为，罗马神话里朱庇特吃掉怀孕的默提斯从而使自己怀孕并从脑袋里生出帕拉斯，这一"乍看起来荒唐可笑的寓言"，"指出了国王对付国会所使用的策略"。他说，国王与国会，就如朱庇特与默提斯夫妻一样。在重大问题上，国王都与议会进行商讨。但决策成熟之际，他却不会再让国会插手，"以免自己的行为看起来是受了国会的左右"。"所以，决策及其执行看起来是出自他们自己之手"，"他要让世人看到，决策来自于国王的大脑，来自于他正确的思考和判断"。长期作为国会议员的培根对国王的这些小花招可以说是目光如炬，明察秋毫！

培根出身权贵，对普通民众缺乏同情和理解，且存在着很深的偏见和敌意。如在《巨人的妹妹或谣言》一文中，培根说："这个寓言的意思似乎是这样：厄斯指百姓的本性，他们总是对统治者充满恶意，时刻准备造反。如此一来，在特定情况下会产生叛逆和煽风点火的人，他们罪恶滔天，肆无忌惮，企图推翻君主的统治。反叛被镇压之后，百姓们仍然倒向狐朋狗党，不安于平静的生活，恶意编造流言飞语，进行挑拨离间、诽谤中伤等等，试图引起人们对当局的不满。"培根的这些说法显然是在"诽谤中伤"普通大众，他的眼里、心里只有高高在上的统治者！这样的培根应该予以谴责！

还有，培根虽然在政治上提倡一种保守主义，但他同样也赞美革新："初生之物往往是不美的，正在改革中的事物也是如此，因为革新正是时间之母所哺育的婴儿。……既成的事物，即使并不优良，也会因已被习惯所适应而不断坚持。而新事物，即使更优良，也会因不适应于旧的习惯而受到抵制。对于旧习俗，新事物好像陌生的不速之客，它很容易引起惊异和争议，却不易被接受和欢迎。"他指出："历史川流不息。若不能因时变事，而一味恪守旧俗，这本身就是致乱之源。"

应该说，无论是培根的人生智慧，还是他的政治智慧，都带有浓厚的马基雅维利主义的味道。他不是无条件地提倡博爱和善行，而是合理地承认恶的现实性。他说："如果没有对恶的本性的预知，就不可能将蛇的才智和鸽的天真结合起来；如果没有这种预知，美德就暴露在光天化日之下而无所庇护。"所以，培根引用意大利的一句谚语来警告人们："他太善良，善良得成了废物。"所以，培根建议把欺瞒与坦诚、善与恶审慎地结合起来。这一点可以说贯穿于培根为统治者提出的那些建议之中，甚至也体现于他自己的政治生涯之中。

二、论知识的价值与尊严

学问受到的耻辱和玷污、培根的驳斥

长期以来，人们对知识总是抱着轻蔑的态度，使学问受到了"耻辱和玷污"。培根指出，其表现主要有三种：宗教家的狂热和猜忌，政治家的严酷与傲慢，学者自身的错误与不成熟。

宗教家历来对知识抱有敌意，认为"渴求过多的知识是人类最初的诱惑和罪恶，是它导致了人类的堕落"，而且学术昌明的时代人们"常常倾向于无神论"，而那些学者"往往成为

异教徒"。

政治家则轻薄学问，认为"学问软化了人的心智，使人们不再适合军队的荣耀和锤炼"，或者"使人变得过于好奇和犹豫不决"，或者"使人变得专横和独断""骄傲自负"及"自相矛盾"，总之"扭曲了人的性情，使他们厌恶政府和政治"。还有的人指责学问把人们引向了"安逸和私利"，或者造成了"国家的纪律松弛，使人乐于争辩而不是服从和执行"。

学问受到耻辱和玷污的第三种原因来自学者们自身，他们或者地位贫贱，或者行为不当。

培根指出，以上三个方面都出自人们对学问和学者的误解。首先，针对宗教家的指责，培根指出，"人类所以堕落并不是由于他们企图掌握关于自然和宇宙的纯粹知识，也不是由于乐园中的亚当因为拥有了知识，……实际上是由于人类企图拥有分辨善恶的知识，企图自行其是，不再接受上帝的戒律，这才是人类堕落的本质。……知识本身无论数量多少，如果不予严格的批评就接受，混进去一些毒素，这些毒素必然会引起不良的后果，发酵、繁殖，贻害后世。解除毒素的药剂就是仁爱，它使知识显示尊严。……总之，人们不应当误解了清醒，用错了节制，担心人类探求过远……；相反……要记住神学或者哲学都要致力于仁爱，而不是自大；都要关注于应用，而不是炫耀。"

至于政治家对学问的轻薄，培根指出，"无论是对个人或是对一个时代，文治和武功都可以相互补充，相得益彰"。他举例说，亚历山大大帝"精通亚里士多德哲学"，而恺撒大帝则"在辩才上堪与西塞罗媲美"。此外，培根还雄辩地表明，"如果国家的管理操纵在靠经验行事的政治家手中，不依赖学识广博的人辅佐，其后果也肯定十分不可靠。相反，几乎找不出这样的例子，由博学的统治者掌管的政府会带来灾难"。他指出，"远离了学问，一个人所有的经验也无法为他一生中遇到的所有事情提供足够的范例或先例。……应当承认一个人所有的才智无法与世代累积的学问相比，正如一个人的收入无法超过全体的财富"。此外，学问绝对不会把人引向安逸，而是恰恰相反，"只有学者把工作当成合乎天性的行为而热爱，对学者来说，工作对心智的益处正如锻炼对身体的益处。他们从工作本身获得乐趣，而不是它带来的结果。如果有什么事情能够吸引或占据他们的心智，学者可算是所有人中最不知疲倦的人了"。当然，学问更不会削弱法律和政府的尊严，因为"学问使人文雅、大方、易管理、顺从政府；而无知让人粗野、刚愎自用、桀骜不驯"。

至于学者们自身的地位和习性让人不快，那不是学者的错。培根指出，学者们出身贫寒，是"因为他们没有把精力主要用在增加财富上，因此没有其他人致富那么迅速"。培根说，"人们应当把财富用于求学，而不是用学问致富"。当然，学者们往往愿意离群索居，喜欢沉思默想，他们大多都不善于察言观色，不懂人情世故，但这显然不应该成为轻薄学问的理由，倒应该予以宽容和谅解。但是，培根"无意原谅许多学者亵渎学者的身份，肆无忌惮地做一些卑贱和恶劣的事情来"，如那些寄身权贵，"用自己的才智和笔墨，明目张胆地谄媚"，这些人"彻底败坏了学问的价值和尊严"。

学者们在研究中出现的过失与缺陷

培根认为，学问之所以遭遇耻辱和玷污，最主要的原因是学者在研究过程中出现的过失和缺陷，因而导致了人们不恰当地诋毁一切学问。他指出，在学问的研究中主要有三种过失：一种是虚假、细琐；一种是远离真理、没有实际价值；另一种是学者轻信或过分精巧。培根把第一种学问称为"空想的学问"（或"虚假的想象"）；把第二种学问称为"好辩的学问"（或"无益的争辩"）；把第三种学问称为"精巧的学问"（或"虚荣的矫情"）。

实际上，培根所批评的这三个方面的问题是当时很多学者的通病，经院学者尤其严重。所谓"精巧"，就是指"只重辞藻不重内容"，过分追求"措辞、句子的完整、字句结尾的悦耳、比喻和象征的使用不变化"，而忽视了"论题的重要、主题的价值、论据的合理性、创新的活力、见识的深度等"。因此，"经院学者的学问被认为是粗鄙低下，彻底遭人唾弃"。培根说："这怎么不让世俗之人鄙薄学问呢？他们看到，学者的著作如同专利证书或法律文书的字母一样，虽然华丽，却仍然是字母。……我觉得皮格马利翁的癫狂正是这种虚夸很好的写照和象征。言辞只是事物的表象，它们的价值在于表达理性和创见，如果缺少了这一点，爱恋文字也就如同爱恋图画一样。"皮格马利翁是希腊神话中的塞浦路斯国王，他雕刻了一尊妇女的雕像，但后来陷入了对这个雕像的爱恋之中。培根的这一比喻，绝妙地讽刺了那些只重形式不重内容的荒谬学风。培根指出，虽然我们不应"草率"地指责用言辞和修饰来装扮哲学，但切记要"更加严格、艰苦地探求真理，杜绝纤细和做作"。

第二种缺陷"好辩的学问"或"无益的争辩"在经院学者身上同样极为显著。"他们具有敏捷和强大的智力，又有很多闲暇，不过学读范围狭窄，交往的范围只限于修道院和学校，对自然和历史的演变了解不多，只利用极少的材料和无限的才智，辛勤地编织学问之网……虽然精美无比，但是内容空洞，没有什么益处。"这些学问不是能"为人们的生活带来效用和益处的源泉，而是荒谬的争论、空洞的问题"，"显然必将遭到普通人的轻视"，培根把它们形容为"无用老人的唠叨"。如果这些学者"凭借他们对真理的渴求和不知疲倦的努力，加上多样而广泛的阅读和思考，他们本可以提供卓越的知识之光，极大地促进学术和知识的进步；但实际上他们只是伟大的书虫"。

有的学问则涉及欺骗和虚假，培根认为这是最为严重的问题。培根把这一问题分为两方面：一是骗人，二是被骗（轻信）。培根指出："欺诈和轻信千变万化，欺诈是由于狡猾，轻信是由于头脑简单；但是两者往往同时发生。"特别是，"那些轻信者也是欺诈者"。人们首先容易轻信所谓的"史实"或"事实"，但"随着时间的推移，笼罩在这些事物上的迷雾将会散去，它们被人们看做是老妇人的故事、僧侣的欺骗、精神的幻影"等等。轻信所谓"史实"或"事实"会极大地损害宗教或自然科学的声誉。此外，人们也容易轻信所谓的某些技艺，如"占星术、巫术和炼金术"，"但在这些学科中，导向或完成这些目的的过程无论理论上或实践上都充满了错讹和虚假"。轻信的另外一个表现是"把过多的信任赋予各种技艺的创造者，奉他们为权威，视他们的话句句正确；而不是把他们看作向导，给人以指引"。关于这一点，培根评论道："在哲学和科学方面，柏拉图、亚里士多德、德谟克里特、希波克拉底、欧几里得、阿基米德在开始都是生机勃勃，但到后来总是衰退和低落。原因不是别的，而正是……许多人的才智和勤奋都花在了某一个人的才智上面了。对这些先哲们来说，在很多时候这样做不仅不能增其光辉，反而是败坏了他们的名声。以泉水为例，泉水从泉源处流出，再也不能自由地升到比泉源高的高度。因此源自亚里士多德的知识，如果不能自由地研究，也不会超过亚里士多德。"

总之，"无论是天上的知识还是地上的知识，求知都是为了剔除无益的玄想，摒弃空虚无用的东西，保留和扩大那些可靠而有益的东西。知识不应当如同情妇似的，只是增加人的欢愉和虚荣，或者女奴隶，只供主人占有和驱使，而应当如同配偶，是为了繁殖、结果和慰藉"。

知识的尊严

培根的时代，欧洲社会仍然处于基督教的统治之下，因此讨论知识的尊严和地位不得不讨论知识与宗教的关系问题。正如培根指出的，宗教家从基督教角度贬低科学是不恰当的，科学不仅不是人类堕落的根源，还是通向上帝的途径。培根说，对于宗教和信仰，除了装饰和美化之外，自然科学和人类的知识还具有两个主要的责任和义务：第一，知识可以有效地促使人们赞美上帝的荣耀。……第二，知识能够对无信仰和错误提供非凡的救助和防治作用。……要避免犯错误，我们就要钻研我们面前的两本大书，第一本是《圣经》，它揭示了上帝的意志；第二本是上帝的创造物，它们显示了上帝的权能。后者是通往前者的钥匙。

科学不仅有助人们理解上帝，在尘世中，它也有重要的价值。培根说，这方面的证据"数不胜数"。第一个证据是，人类把最高荣誉往往赋予那些"新技艺、才能和物品的发明者或创造者"，他们都被尊为神明，如科瑞斯（谷物女神）、巴克斯（酒神）、墨丘利（司商业、智巧、手工技艺之神）、阿波罗等，而那些国家的建立者、制定法典者、铲除暴君者不过被授予伟人或半神的尊号。因为相比之下，后者的恩泽只是限于某个国家和时代，而前者的恩泽则普及全人类和整个时代。

知识的另一种价值是"它可以抑制人与人之间的纷争，弥补人天性上的缺陷，这种功效比起前一种价值来一点也不逊色"。培根显然赞同柏拉图的观点，"如果国王是哲学家，或哲学家是国王，那么对人们和国家都是幸事"。培根说："无论国君在情欲和习惯上如何有缺陷，如果他们接受学问的照耀，了解宗教、政治、道德的观念，就可以防止和限制他们犯下毁灭性的、无法补救的错误和暴行。即使是当他们的顾问和臣仆喑哑无声和沉默的时候，这些观念也会不停地在他们的耳畔低声萦绕。同样，如果议员和顾问富有学问，比起仅仅依靠经验的人，他们更能依照可靠而牢固的原则做事。前者远远避开了危险，后者只是在危险临近时才看到。"

培根举了很多著名的例子，来证明博学君主的统治会带来太平盛世，如博学的罗马皇帝涅尔瓦（96~98），敬慕学问、资助学问的皇帝图拉真（98~117），博学好奇的阿德里安（117~138），卓越的学者皇帝安东尼·庇护（138~161），以及两位神圣兄弟维拉斯和马克·奥勒力乌斯·安东尼。培根称这些伟大的皇帝博学多识，"他们的时代是罗马帝国曾经拥有的最幸福、最繁荣的时期"。在英国历史上，最卓越的伊丽莎白女王，她的学问"在女性当中自然超凡脱俗，在男性君王中也算罕见——无论是各种学问、语言、科学，现代的或古代的，神学的或世俗的，她都加以涉猎钻研"，而她统治的时代，是英国历史上"从没出现过的一段四五十年的好时光"。当然，这方面最有说服力的例子是亚历山大大帝和恺撒大帝，他们的学问和武功都是帝王的伟大代表。

学问不仅对帝业和武功有益，"对个人的道德和品性也有很大益处"。培根说：

学问可以消除轻浮、鲁莽、傲慢，因为它可以向人们提示所有可疑和困难的地方，让人们根据正反两方的条件做出均衡的估量，而不是轻易接受首先想到的主意或不切实际的观念。学问要求对于所有的事物都是认真核查，反复尝试，再做结论。此外，学问可以免除人们心中虚假的羡慕，这是让人软弱的根源。……学问可以消除或减轻人们对死亡和厄运的恐惧，这种恐惧是提升品德的最大障碍之一。

不仅如此，"学问对人们的心智上的各种疾病具有特殊的补救功效"，是自我发展和完善的首要途径，它可以"清除不良的情绪"，"除去心中的障碍"，"提高人们的领悟能力"，"增强我们的求知欲望"，甚至"治愈心理上的创伤和溃疡"。知识和学问还使我们拥有控制和支配的力量，为我们带来好运和恩惠，而且还使我们感到无上的乐趣和永久的喜悦。总之，培根认为："知识和学问的价值在于人们最渴望得到的不朽或延续，正是人们渴望不朽的愿望促使人们繁殖后代，修建房屋，养育子女；不朽的渴求还造就了许多的房屋、建筑、纪念碑；不朽的期望还铸就了回忆、名声、颂扬；实际上人类其他的各种愿望也正是来源于对不朽的追求。我们可以看出，智慧和学问的纪念碑比权势的纪念碑或人工的纪念碑要持久得多。"

培根对知识的尊严与价值的论说，具有崇高的学术意义与实践意义。在他那个时代，宗教家敌视知识，政治家轻视知识，普通人无视知识，而培根却热情奔放地高扬人类理性和知识的旗帜，强调理性和知识的价值，批判盲信、愚昧和无知，为人类进入科学革命的伟大世纪准备了必要的精神条件。正如研究培根的专家法灵顿所评价的，培根"抛弃了旧时代悲观主义哲学传统，把人类从被动的容纳愚昧、贫穷和疾病中唤醒"。

增进知识的措施

在论述了知识的尊严与价值以后，培根明确提出了可有效增进知识的一些措施。他提出了三个目标：一是营造学问的处所，二是印刷学术的书籍，三是改善学者的境遇。

营造学问的处所可从四个方面下手：一是建造房屋，二是给予经费，三是赋予特权和特殊待遇，四是由政府颁布制度和法令。培根说，这些举措的目的是为了"让学者们过上平静安逸的生活，免受尘世的烦扰和麻烦"。

除此之外，还要提升学者的地位。"除了一般性的提职和奖励，还有两种工作需要加强。一是对能够教授现存的学问、已经创造出的知识的学者进行奖励和委任，二是对探索还未完全完成、还未开拓的学问的研究者进行奖励和委任"。显然，培根的意思是既要鼓励那些继承和传授已有知识的教育者，也要奖励那些探索未知的探索者，二者都很重要。

培根批评"对教授者的工资或奖励太贫乏、太吝啬"，为了科学的发展，"在生活和待遇方面，必须保证最有能力的人竭尽全力、用其一生来完成自己的工作，他们的收入必须与普通职业的平均数相当，或者足以保证过上温饱的生活"。此外，"如果想在揭示自然的奥秘方面有所进展，必须有大量的拨款用于试验"，"一个国家君王和政府需要秘书和侦探来收集情报，同样，人们也应当让自然的间谍和情报员来报告消息，否则人们就无法得到正确的消息"。

培根对当时大学的管理也提出了一些建议。他提醒大学的管理者要注意"征询意见"，看看"跟学习有关的事项设置是否合理，是否有不合适的地方需要改善和更新"，并且，"如果大学之间能够在互通信息方面做得比现在好一些，学术的发展就会更快"。培根还指出，对于那些"还未彻底探索的领域"，要委派研究者去探寻。

培根的上述建议应该说是走在了时代的前面，通过制度管理来增进知识在当时来说是很新奇的观念，而现在已经成为科学学研究的基本课题，因此培根被称为"科学学"的先驱。

知识的分类：人类知识领域的宏伟规划

对当时的知识进行分类、评价并提出新的构想，是培根《学术的进展》一书最重要的部分，也是对后世影响最大的部分。在这部分，培根展示了让人吃惊的渊博学识和深刻敏锐的洞察力。

培根认为，人类有三种理解能力，因此知识也相应地分为三种：历史对应于记忆，诗歌对应于想象，哲学对应于理智。下面我们就依次介绍培根对当时知识的分类、评价和构想，他的许多说法至今还有很强的现实价值和理论意义。

历史。培根把历史分为自然史、社会史、宗教史和学术史。自然史有三类：普通的自然史，变异的自然史，加工过的自然史，亦即生物史、奇异史和技术史。培根指出，普通的自然史已经相当完善，但后两者自然史还很不足，"特别是能够彻底避免谎言和流行的错误的自然历史，根本就不存在"，因此，他建议"对于不规则的物种进行大量而严格的汇集及认真的检验和描述"。至于加工过的自然史或技术史（机械的自然史），"通常缺乏百姓熟知的实验"，其原因主要是人们通常认为，"屈尊去研究或考虑机械问题，是不体面的"。培根指出，那些自命高贵的人"并不能带来可靠的内容"，而伟大的道理却常常可以在渺小的事物中发现。他指出："在所有的自然历史中，机械的自然史对于自然哲学的效用是最基础、最根本的。有了这一基础，自然哲学才不会消亡在虚无缥缈的烟雾中，才能为人们的生活带来福利和收益。"

社会史也可以分为三种：纪事杂录、完美的历史、古代逸史。纪事杂录有两种，一种是回忆录，另一种是档案。回忆录只按照时间顺序简单地记录发生的事件和行为，不考虑行为动机和目的。档案是对公共行为的记载，包括国家法规、法院诉讼、文书往来、名人演讲等等。古代逸史就像"沉船的船板"，需要勤奋的学者"严格细心的努力、观察，从古代碑石、逸名、流传下来的片言只语、传说、私人记录和物证、历史断片、古书残文、其他文献旁证等等中间悉心分拣筛选，从时间的洪流中抢救和恢复一些零碎的历史片段"。完美的历史即完备的历史，可根据对象分为三类：记录时间的、记录人物的、记录事件的。第一种称为编年史，第二种称作传记，第三种称作纪事。培根对传记写作的情况感到相当不满，"很奇怪现在人们那么不重视人们的美德，传记的写作是那么稀少"。

宗教史也分为三种：普通的教会史、预言的历史、天意的历史。第一种描述"富于战斗性的教会的史实"，第二种则描述预言及其实现的历史，第三种则涉及"上帝已显示出来的意志之间存在着的绝妙的应和"。

关于学术史，我们应该在此赋予培根以崇高的荣誉，他在这里为后人勾画了学术史（或科学史）这一重要学科的宏伟蓝图。培根说道：

> 前三种历史已经有了，后一种我认为还是缺乏的。因为还没有人一代一代地记述和描绘学术的发展状况，如同许多人在自然、政治和宗教所做的工作那

样。对我来说，缺少了学术史，世界的历史就如同波吕斐摩斯（古希腊神话中的独眼巨人）的雕像缺少眼睛一样，而这一部分正是显示人的精神和活力的地方。……一部完整的学术史应当包括学术的起源，学术的派别，学术的创新，学术的传统，多样的管理和实施方式，繁荣的盛况，反对者的意见，衰落、缓慢、湮灭、变迁的缘由和情形，还有所有其他跟学术有关的事件，都要分门别类，按照年代顺序记载清楚，这样的学术史我确信还没有出现。这种工作的价值和目的主要不是为了满足热爱学问的人的好奇心，而主要是为了更严肃、更重要的目的，也就是使学者们更明智地运用学术、管理学术。

因为这样的论述，培根在科学史这一学科的历史上可以享有崇高的地位，因为他几乎规划了科学史这一重要学科的基本研究纲领。

诗歌。培根认为诗歌是想象的艺术，"不需要紧跟事物的逻辑，可以把自然状态中不相干的事情联接在一起，也可能把联系在一起的事物分隔开来，造成事物之间不合法的匹配和分离"。他把诗歌分为叙事诗歌、写景诗歌和寓言诗歌。其中叙事诗歌只是对历史的模仿，而写景诗歌则可以看作一种"视觉性的历史，它描摹的行为就如同呈现在人们眼前一样"。寓言性的诗歌则"用来表达一些特定的目的、特殊的意念"。

培根给予诗歌以崇高的评价，认为它"适合表达人们的感情、激情、腐化和习俗，它的功效比起哲学家的著作还要大；诗歌中体现的机智和口才，比演说家的长篇大论一点也不逊色"。诗人通过诗歌，运用自己的想象力，创造了很多现实中不能得到的场景，让人的精神得到陶冶和满足。培根说：

如果真的历史中的行为和事件其庄重的程度无法让人的心灵得到满足，诗歌便虚构出更加伟大和宏伟的行为和事件来；如果真的历史中记述的事件其成功和结果不足以表达人们对善恶是非的评判，诗歌便虚构出更加公正、更加符合天意的事件作为补偿；真的历史叙述的故事平淡无奇，所以诗歌赋予它们更加罕见，更加难以预料、变化多端的特质。因此，诗歌似乎适合并有助于彰显崇高的行为，有助于宣扬道德规范，有助于人们的娱乐。

　　哲学。在培根的时代，科学的发展几乎处于萌芽的阶段，很多门科学还远远没有独立出来，因此那时人们一般用哲学来通指各门科学的知识。培根关于学术的分类中，这一部分分量最重，论述最详细充分，占据了全书一半以上的篇幅。因为西方的基督教背景，所以培根把知识分为哲学和神学两大类，下面我们主要介绍他关于哲学的分类。

　　培根把哲学主要分为两类：自然哲学和人文学科。但是他认为，首先应该存在一门"第一哲学"，即"以第一的、原始的、综合的哲学的名义，创建一种普遍的科学，作为一种主要的、共同的大道，由此进入分岔的小路"。培根强调人类知识的整体性、统一性和连续性，但这门"第一哲学"研究哪些明确的问题，培根并没有给出详细的说明，"只能从反面来做出简明而概括的描述，也就是说，对于知识或科学的特殊部分不能包容的所有有价值的观察和公理，属于较普遍或较高级的范畴，都归属于所谓的本源的、普遍的哲学"。

　　关于自然哲学，培根准确地划分为两个部分，一类是探究原因的，其二是产生效果的，亦即一部分关注自然的知识的获取，一部分关注自然知识的运用。培根的划分就是我们现代的划分方式，即把科学划分为基础研究和应用研究，前者主要目的在于增进基本知识，而后者则是前者的应用。

培根把原因的探究进一步分为两类：一是形而上学，二是物理学。培根的"形而上学"与"第一哲学"要区分开来。"第一哲学"是所有知识的源泉或祖先，"关注超越和通行于很多学科的共同原则和原理"，而"形而上学"只是自然哲学的分支或后代。至于物理学和形而上学的区别，培根指出：物理学"研究和处理物质直接产生效果的原因"，而形而上学"处理形式的、目的的原因"。此外，物理学、形而上学和自然史之间也可以进行明晰的区别：自然史描述多种多样的事物；物理学研究事物可变的特殊的原因；形而上学研究的是固定不变的原因。

这里，培根有一个重要的认识很值得我们注意，也就是他重视数学，并将其视为自然哲学的一部分。因此可以说，很多历史学家对培根的评价都犯了错误，他们纷纷指责培根不重视数学在自然科学中的作用。培根明确写道："在自然哲学中还有另外一部分内容，那就是数学。通常认为它还是自然哲学的一个重要部分，它跟物理学和形而上学共同构成了自然哲学。"培根正确地认识到，"离开了数学的帮助和介入，自然的很多内容便不能十分精细地发掘出来，不能十分清晰地证明出来，不能十分灵巧地为我们所用，这类的学科包括透视法、音乐、天文学、宇宙学、建筑学、机械等等"。看了这段话，我们根本无法再去责备培根认识不到数学的力量，他甚至说道："对于数学我找不出任何的缺陷，只是人们对纯数学的优异效用还没有给予足够的理解。"

应用的科学也是培根十分看重的。他把应用科学分为三类：实验的、哲学的、魔幻的。培根看到实验的重大作用，即"通过有目的的实验"创造出很多的运用。但是培根也注意到实验的局限性，如他说"靠着偶然的尝试和实验，或凭借物理原因的光照和指引，在有关自然的根本或基础方面，几乎不可能得到任何的变更和创新"。我想，培根此言似乎在强调经验事实本身不足以为我们带来关于自然基本规律的认识，还需要更高、更普遍的理智思考，这样的认识显然是极为深刻而准确的，应该说符合科学的客观特点。培根这里所说的"魔幻的"，就是所谓的"自然法术"，就是利用自然知识通过实验创造出新的事物，因此没有丝毫的神秘色彩。实际上，培根一直对占星术、炼金术、长生术这样的神秘术抱有强烈的怀疑态度，把它们称为"堕落的自然魔术"。他指出："真正的自然魔术所以能自由地发挥作用，是由于以对形式的了解为基础的。"

关于人文学科，应该说，培根《学术的进展》的最大贡献在于他有关人文学科的一些构想。这部分知识是关于人的知识，即关于我们自身的知识，因此被称为人文学科。培根把这个学科也分为两大领域：一是单独研究人类的个体，二是整体的研究或研究社会中的人类群体。而前者按照自身的组成又可分为两类：关注身体的、关注心智的。

培根认为人的身体有四种良好状态：健康、优美、力量、愉快。因此关于人体的知识就可以分为四类：即医学或治疗技术、修饰的技艺或美容术、活动的技艺或体育运动、行乐的艺术。

按照现代学科的划分标准，医学当然属于自然科学，但是培根的划分最基本的原则是人与自然的区分，加上宗教思想的影响（人是神的产物），他不可能把人类视为自然的产物，因此在这一点上他不可能超越时代太多，把医学划分到自然哲学的门类之下。但是，显然关于医学，培根有很多话要说。他认识到，人体比其他事物要复杂得多，但医生"只要学会和掌握了了解自然的真正途径和方法，他们就可能如诗人说的那样：
'疾病多变化，治法自不同；你有千种病，我有千法攻。'"但
当时的医学却不能让培根感到满意，他认为这个学科"其中虚
夸成分多于辛勤工作，辛勤工作多于逐步前进"，"所有的辛劳
都是在原地徘徊，而不是前进"。他指出了这一学科存在的很
多问题，如医生们缺乏认真、勤奋，以及"解剖学"存在的很
多"缺陷"，医生太容易放弃治疗，不重视减轻病人的痛苦和
悲伤，随意处方，等等。应该说，培根的这些批评都很中肯，
特别是他对解剖学的批评是很有见地的。

关于人类的心智，是培根着重论述的方面。他把这方面的
学问分为两大类：第一类探究灵魂或智力的性质或实质，另一
类则研究它的能力或功能。培根详细描述了第二类学问的分
类。他认为这类学问又可分为两个领域：一是研究人的理解和
推理，这涉及理性；二是研究人的意志、欲望和爱憎，这涉及
道德。培根进一步把涉及理性的部分细分为四种技艺：一是研
究或创新的技艺；二是检查或评判的技艺；三是保管或记忆的
技艺；四是演说或传授的技艺。

培根在关于创新的技艺的说明中，对归纳法和怀疑论进行
了专门的批判，具有重要的意义。他批评旧的归纳法，认为
"归纳法的形式绝对是有瑕疵的，是不合格的。它们的错误则
更糟糕，因为一切人为的目的在于完美自然、提升自然，但是
归纳法却相反，只是为了玷污、虐待、中伤自然。如果人们仔
细地观察人的大脑如何从自然和人工的特例中采集知识的甘
露，如诗人所形容的'把神圣的馈赠美妙的甜蜜'从田野和花
园的花卉中提炼出来，他就会发现人的大脑天生就有归纳的能
力，它的表现比起这些学者的描述要强得多。如果只根据所列
举的特殊事例，而不考虑相反的例子，这样得出的结果并不是

结论，而只是一种猜想。……对于钻研精妙问题的俊杰之士来说，归纳法还不可能为世界提供什么新东西，而只能让研究者草率地制造出一些理论和教条。"

培根对怀疑论根源的批判应该引起哲学史家的高度注意，他指出，"一切的争辩来自于命题，命题来自于词语，而词语只是有关万物的一般观念的通行符号或标记。对于这一类的观念，如果粗略地随意地脱离了特定的事物而使用，那即使我们辛苦地检验争论的因果关系，或者命题的真实性，也无法纠正其中的错误，那种错误（用医生的话说）是出在开始的消化阶段。因此许多优秀的哲学家变成了怀疑论者和学院派，否认知识或理解的确定性，认为人类知识只能达到表面现象和可能性，这也不是没有缘由的"。可以说，培根的这段话是哲学史上对哲学怀疑论的最深刻的揭露：我们的概念或观念只不过一般性地描述了一些自然事物，而"自然的精妙和运作是这些绳索束缚不住的"，也就是说，这些概念远远不能把握自然事物的全部本质，而那些哲学家们却在"脱离了特定事物"的情况下使用那些概念或观念，开始进行推理、论证，走得越来越远，最后得到一些矛盾的结论，于是就否认能够得到确定性的知识，走向了怀疑论。培根指出，这种错误的根源出在"开始的消化阶段"，这是极为深刻而准确的诊断。

在培根看来，尽管我们的感官和经验的能力有限，甚至具有一定的欺骗性，但我们还是可以得到可靠的知识。"在我看来，经过比较，借助工具的帮助，采用某些方式招致和驱使那些太过微妙的事物，让感官能够有一定程度的清晰感知，再加上其他一些辅助方式，感官是足以向我们证明真理、报告真理的，尽管并非总是很及时。因此，那些怀疑论者只应该责怪人们智力的虚弱，责怪人们收集感觉报告、根据感觉报告得出结论的方式不当，而不应当怀疑感官本身。"这段话也可以消除哲学史上对培根的许多误解，认为他对感官经验缺乏批判性，这样的指责恰恰是培根所反对过、批评过的观点，因为问题本来就不是出在感官上，而是出在人们的理智上。

在关于判断的技艺的讨论中，培根对人们易犯的错误进行了讨论，这些讨论后来发展成他在《新工具》中提出的"幻象"学说。他对传授的技艺也进行了大量的讨论，占据了相当多的篇幅（长达十五页之多），建议那些对教育学感兴趣的读者不妨细细阅读培根的这些文字，也许会有极大的启发。

培根对有关人类意志、欲望和情感知识的讨论也很详细，并提出了很多极有启发性的设想。他把关于善的知识分为两类，一是善的本质，二是善的培养。这部分知识涉及道德，培根指出了这类知识当时具有的一个重大缺陷："对这门学问的研究，已经有了很多的著述，但是在我看来哲学著述有一个共同的特点，它们就像一个书法方面的专家，只是向人们展示了字母表和连用的字母写起来如何漂亮，但是并没有教给人们运用手腕和安排字母结构方面的规则和指令。研究欲望和意志的学者只是提供了一些美好而纯洁的样板和副本，用它们来传达善行、美德、责任、幸福等的大致模样，认为所描述的这些品德足以作为人们意志和愿望的真正目的和目标。但是对于如何获得这些优秀的特征，如何调整或抑制人们的意志，做到忠实于这些目标、顺从于这些目标，他们或是根本就没有提及，或是略微提到一点，无法给人提供教益。"培根提出，我们不仅需要知道什么是善行和美德，我们还需知道如何培养这些善行和美德，我们不只需要欣赏图画，还需学会如何绘制图画。所以，培根呼吁建立一门道德培植术（心理耕稼术），以切实可行地陶冶人们的情操，而不仅仅是观看模板。

关于道德培植术，培根说，"这部分知识，本应是很卓越的，但是却没有人加以研究和著述，这让我感到十分惊奇"。于是，他为这门即将到来的学科提出了一些构想。首先，我们应该计算清楚哪些在我们的能力范围之内，哪些在我们的能力范围之外，要对事物先前的状态或特性具有精确无误的了解。"因此，这一类知识的首要任务就是对于个人天性和性情的特征做出合理又真实的区分和描述，尤其要注意哪些是根本的特征，是其他特征的根源和缘由，哪些特征常常跟其他特征一起出现，混杂在一起。"此外，还要研究"那些本性的印痕，即性别、年纪、地区、身体状况、相貌美丑等施加在人的心理上的影响"，以及"外部的命运，如权威、地位、出身微贱、富有、贫困、官职、独处、发达、灾祸、好运连连……"造成的影响。还要重点研究人们的情感，培根说，"说到这一点我不得不再次感到惊奇，亚里士多德写下了好几卷的《伦理学》，为什么对于作为伦理学研究主要对象的情感没有涉及"。

培根认为有些习性能够影响我们的意志和欲望，改变我们的行为方式，并对亚里士多德的观点提出了批评："亚里士多德认为自然所决定的事物是不能被习惯改变的，例如一块石头往天上抛掷一万次，它也不可能学会往上升……他的这种观点在我看来是很粗略疏忽的。这条规则对于那些绝对受自然支配的事物才具有效用；对于有些事物，自然允许一定幅度的自由变化，这条规则就不适用了。……即使我们姑且承认亚里士多德的结论，即道德和罪恶都是基于习惯的，他也应该花费更多的精力来教人如何养成那个习惯。"显然，培根认为我们的天性在一定的范围内是可以改变的，因此可以根据一些法则来训练我们的心理，培养我们的美德。

培根把关于个人意志、欲望和情感的学问称为道德哲学，而把关于社会和群体的学问则称为政治哲学。他认为，政治哲学也可分为三个部分：关于行为的智慧、关于事务的智慧和关于统治的智慧。这一部分培根也花了很大的篇幅进行讨论，可以说这也是培根最擅长的领域。他讨论了很多行为处事的原则、案例和有关的言论，很多话题他在《论说文集》中也都作过论说，但在这里他进行了更系统、充分的论述。他讨论了如何认识自己的不足和缺陷，做到扬长补短，并提出了很多有用的原则和方法。他提出一方面要掩藏自己的缺陷，同时也要调整自己的心理，使它适应环境，遇时而变，保持机敏灵活。此外，培根还提出了一些建议，如"不要从事旷日持久的事情"，"不要太执著于某一件事情，……要留一个窗口用于逃生，留一条道路用于撤退"。

小结。 在结束了关于人类知识的讨论之后，培根以优美的文笔和清晰的语言对他所处时代知识的发展进行了概括性的描述："在当代，古代作家的心血为人们带来了巨大的裨益和启示；印刷术把书籍送到了各个阶层手中；远航造就了世界的一体化，带来了许许多多的新事物；还有大自然的大量新发现；比起希腊民主政治和罗马专制政治下的国民，人们的闲暇时间增加了，投身在国家事务上的时间减少了；……看到这一切，使我不得不相信，如果人们能够了解自身的长处和短处，能够互相吸收创新之光，而不是否定之火，把对真理的探究看做是一项事业，而不仅仅是当作一种才能或装饰，把他们的才智和异禀应用到有价值和优异的事物上去，而不是粗俗和流行的事物上去，那么学问上的第三次繁荣一定会大大超过希腊和罗马时期的光荣。"可以说，这是一个伟大的洞见与预言。实际上，在培根的时代就已经掀起了科学革命的序幕，人类已经进入了伟大的知识繁荣时代，伽利略、开普勒等伟大的科学家已经做出了他们的发现，而在培根去世后不久的英国，也迎来了一批科学革命的伟大英雄，如波义耳、胡克等，其中最耀眼的无疑是科学巨匠牛顿。

但是，由于时代的原因，培根不可能预见到后来自然科学的具体发展，甚至他对他那个时代的某些重要进展也并不十分了解，但这并不妨碍他在知识上的理想。他后来又推进了《学术的进展》中的某些想法，明确提出了编纂《百科全书》的宏伟目标。

三、走向新世界：培根的科学哲学

"破坏"旧哲学：培根对传统哲学的批判

培根在剑桥大学读书的时候，就对旧哲学产生了强烈的不满，这种态度可以说是促成培根决心在知识领域内进行革新的最重要、最持久的动力。在他制定的"伟大的复兴"计划里，一个重要任务就是对旧的知识传统进行破坏性的批判。对于传统哲学特别是希腊哲学，培根曾经在一些笔记中谈到如何进行这些题材的写作，首先一点是"在这种性质的论文中要有更大的信心和权威感"，也就是要相信自己有足够的能力和权威；其次是"以轻视的态度论述希腊人的哲学"，这样才能体现自己的信心，去掉古人权威性的光环。在 1603 年至 1620 年间，他写作了十余篇相关题材的文章，其中涉及对希腊哲学的批判的主要是《自然的解释》《时代勇敢的产儿》《各家哲学的批判》以及《几种想法和几条结论》。在《时代勇敢的产儿》中，我们可以看到培根是如何以"轻视的态度"来论述希腊哲人的学说的。

对于柏拉图和亚里士多德这两位古希腊伟大的哲学家，也许培根的口吻过于激烈，以至于引起了人们的不满，被批评为"太不雅了"。如他称亚里士多德为"可怜的诡辩家"，称他的逻辑学著作为"疯病手册"，称他的形而上学为"在很少的事实上建立起来的蜘蛛网"，等等。至于柏拉图，培根的用语更加尖刻。法灵顿在《弗朗西斯·培根》一书中全文引述了培根对柏拉图的评述，从中可以看出培根对这些古代伟大权威的强烈批判态度。

其次我们要传讯柏拉图那个狡猾的诽谤者，那个浮夸的诗人，那个见鬼的神学家。柏拉图，你的哲学只是些"第二手"的知识的片段，刮垢磨光而后串联起来的。你的智慧是你通过伪装愚昧而造成的冒牌货。你以模糊不清的归纳法来诱惑人的意志，但从来不曾把人们带到超过这些模糊的东西的地方。不过你至少有向有文化的和有经验的人提供饭桌上的话题的功绩，而且甚至有使日常的谈话文雅而又风趣的功绩。可是，当你错误地断言真理可譬作人类头脑中的土著而不是外来的落籍户的这个时候；当你引导我们的心智，使它离开观察和事物的时候；当你叫我们把我们的心智转向自身并且在静观哲学的名义下，向我们自己一些盲目崇拜的偶像乞怜时；你的确给了我们一个致命的伤害。也不应忘记，当你把你的愚说"神化"，并胆敢以宗教的后盾来支持你的可鄙的想法时，你这罪恶并不比上述的罪恶为小。

对这些伟大的古代哲学家使用如此尖锐、如此"不雅"的语言，培根显然是经过深思熟虑的。他是想用这样的方式来教训那些匍匐在这些伟人脚下没有任何独立思考精神的思想奴隶，用这样的语言来瓦解这些古代权威的神圣光环和不应该再保持的虚假声誉。所以，培根在这篇的结尾处继续明确地说道："不过现在我必须镇定并且忏悔，虽然我的目的在于破除这些东西的信誉，可是我已经摸过这些渎神而不洁的东西了。我对这些人全体所说的抨击的话，较之他们所犯的滔天大罪应得的惩罚要轻得多了。高贵的读者，你也许不了解我对于他们的驳斥。你大概一定会认为我所列举的他们的罪状，只是一些骂人的话。不过事实的确不是这样。当你有工夫想想的时候，你就会有不同的认识了。"

培根对柏拉图和亚里士多德的批判并不是一时兴起，满足他打倒古代权威的快感。实际上，在培根看来，要建立新的知识体系，建立真正的自然哲学，首先需要做的就是终结这二人学说的影响，正如法灵顿指出的，"培根认为柏拉图和亚里士多德的影响对于建立一门真正的自然哲学是主要的障碍，这一点如果没有认识到，那就根本不能了解培根"。那就让我们看看，培根对他们的哲学乃至整个传统哲学提出了怎样的批评。

在《新工具》第一卷第九十六条，培根对柏拉图和亚里士多德进行了集中的评价。他说："直到现在，我们还没有一个纯粹的自然哲学，所有的都是被点染过并被败坏了的：在亚里士多德学派那里，它是被逻辑所点染所败坏；在柏拉图学派那里，它是被自然神学所点染所败坏；在后期柏拉图学派如普罗克拉斯及其他诸人那里，它又是被数学——那是只图给予自然哲学以确切性，而并不图生发它或产生它——所点染所败坏。"说亚里士多德学派的自然哲学被逻辑所败坏，而柏拉图学派的自然哲学被自然神学所败坏，后柏拉图学派的自然哲学被数学所败坏，这是什么意思？

首先看亚里士多德。培根在第一卷第六十二条对这一批评进行了详细的说明，他说："一般说来，人们在为哲学取材料时，不是从少数事物中取得很多，就是从多数事物中取得很少；这样，无论从哪一方面说，哲学总是建筑在一个过于狭窄的实验史和自然史的基础上，而以过于微少的实例为权威来做出断定。唯理派的哲学家们只从经验中攫取多种多样的普通事例，既未适当地加以核实，又未认真地加以考量，就一任智慧的沉思和激动来办理一切其余的事情。"在培根看来，亚里士多德是"从多数事物中取得很少"又"从少数事物中取得很多"的典型。这是什么意思呢？培根指出：

> 他（亚里士多德）以他的逻辑败坏了自然哲学：他以各种范畴铸出世界；他用二级概念的字眼强对人类心灵这最高贵的实体赋予一个属类；他以现实对属类的严格区分来代行浓化或稀化二者的任务（就是去做成物体体积较大或较小，也即占据空间较多或较少）；他断言单个物体各有其独特的和固有的运动，而如果它们参加在什么别的运动之中，则必然是由于一个外因；此外，他还把无数其他武断的限制强加于事物的性质。

前者的错误（为心灵强加二级属性）是"从少数中取得很多"的例子，也就是说本来人的心灵是一个统一的整体，而亚里士多德却要硬给它分成很多次级的属性；后者是"从多数中取得很少"的例子，也就是说，本来事物的浓化和稀化是多种多样的，需要自然哲学去认真观察和研究的，但亚里士多德却用自己的"潜在"和"现实"的概念将其转化成逻辑上的关系，这无疑就取消了多种多样的物质过程的不同属性，而归于简单的两个逻辑概念之下，因此是"从多数事物中取得很少"的错误。不论是前者还是后者，亚里士多德都是"急切于就文字来对问题提供答案并肯定一些正面的东西，实远过于他对事物的内在真理的注意；……在亚里士多德的物理学中，则除逻辑的字眼之外便几乎别无所闻。"

这样看来，培根对亚里士多德的批评实质上就是指亚里士多德的物理学实际上只是逻辑学，而不是自然哲学，因为他不是用逻辑范畴强行给事物进行了过于烦琐的分类，就是用逻辑范畴对丰富的事物进行了不恰当的简化，因此是用"逻辑学败坏了自然哲学"。而他之所以犯这样的错误，是因为他总是"先行达到他的结论"。他首先依照自己的意愿规定了问题，然后再诉诸经验，却又把经验弯折得合于他的同意票，像牵一个俘虏那样牵着它游行。这样说来，在这一条罪状上，他甚至是比他的近代追随者——经院学者们——之根本抛弃经验还要犯罪更大的。简单说来，亚里士多德"用逻辑败坏了自然哲学"就是事先有了某种观点，然后强行扭曲自然现象来符合这一观念，而不是调整这些观念来符合自然现象。

培根对亚里士多德还有一个批评，那就是他的独断。培根说，"那些哲学体系还有一种任性无度的情形表现在给予同意或拒予同意"，这种"任意无度地同意或拒予同意""表现在这样一派人，他们轻于有所决定，因而使各种科学都成为武断的和钦定的"。这方面的代表是亚里士多德。

> 亚里士多德的哲学，在以任意的痛驳毁灭了一切其余的哲学（如阿图曼诸王对待其兄弟那样）之后，就在所有各点上都立下了法则；这样做了之后，他又进而个人抬出一些自己所提示的问题，而又同样地予以解决。这样做来，就再没有什么东西不是确定的，不是已经决定的了。这种做法至今还拿把着他的继承者并在他们当中使用着。

培根在《新工具》的序言中第一句话就是对此类态度的批评。他说："有些人自认把自然界的法则作为已被搜寻出来和已被了解明白的东西加以规定，无论是出于简单化的保证的口吻，或者是出于职业化的矫饰的说法，都会给哲学以及各门科学带来很大的损害。"独断论会带来教条主义的错误，把某些说法当成绝对的真理，从而丧失进一步探索的可能性。这一损害对科学的发展来说是致命的，因为它显然会压制人们的创造力。对亚里士多德的这一独断特点，培根早在《学术的进展》中就有所批评。他说亚里士多德仿效了他的学生亚历山大大帝的做法，"亚历山大征服所有的国家"，而"亚里士多德征服所有的观点"。

　　对于柏拉图，培根的观点似乎更为激烈。亚里士多德是以逻辑败坏了自然哲学，而柏拉图则是以神学败坏了自然哲学。在培根看来，柏拉图造成的坏影响要较亚里士多德更甚。他说："迷信以及神学之糅入哲学，这对哲学的败坏作用更远更广泛，而且有着最大的危害，不论对于整个体系或者对于体系的各个部分都是一样。……那些好争的、诡辩的哲学是用陷阱来捆缚理解力；而这类哲学，由于它是幻想的、浮夸的和半诗意的，则是多以谄媚来把理解力引入迷途。……关于这类哲学，在古希腊当中有两个例子：毕达哥拉斯是一个刺眼的例子，他是把他的哲学和一种较粗糙的、较笨重的迷信结合在一起；另一个是柏拉图及其学派，则是更为危险和较为隐蔽的。……我们应当加以最大的警惕。因为要尊奉错误为神明，那是最大不过的祸患；而虚妄容易成为崇敬的对象，却正是理解力的感疫性的一个弱点。"

　　培根指责柏拉图的神秘性确有其道理。柏拉图在《蒂迈欧篇》中较为系统地提出了自己的自然哲学，其中充满了神话的因素。他认为，造物主以理想的模型来塑造世界，以善的理念为指导。造物主像是一名建筑师，把精神和物质结合在一起构成世界，并赋予世界以灵魂。世界灵魂有自己的运动，并且是世界上其他一切事物的动因。它是上帝的影像，是一切法则、秩序、生命和精神的源泉。此外，一切事物的创造都是有目的的，创造植物是为了供人营养，创造动物是为了供堕落的灵魂寓居之用。柏拉图的自然哲学有着强烈的目的论倾向，把世界看成是某种智慧的作品，而目的因和终极因是世界真实的原因，物理的原因则成为不重要的、次要的原因。因此，培根指责柏拉图以神学迷信玷污了自然哲学，并指出"从这种不健康的人神糅合中，不仅会产生荒诞的哲学，而且还要产生邪门的宗教。"

实际上，培根并不排除对目的的研究，只是不能"放错了地方"，目的因可以放在形而上学的范围内，而在物理学或自然哲学的范围内，"目的"与科学的实质无关。在《学术的进展》中，培根就对柏拉图提出过类似的批评："这种错置造成科学本身的一个缺陷，至少可以说是一个很大的障碍。在研究目的的原因时，由于跟物理学上的其他原因混杂在一起，阻碍了对所有真正的物理原因的严格而持续的探究，使人们有了借口停步在让人满足却似是而非的原因上，极大地妨碍和损害了人们对科学的进一步探索。我发现不仅柏拉图长期停靠在这片海滩上，亚里士多德、盖伦和其他学者也徘徊在这一浅沼上。"

培根不但批评柏拉图学说的目的论色彩，还对他的不可知论也进行了指责。"柏拉图学派却倡导了不可解论。这派最初嘲笑那些较老的诡辩家们，如蒲鲁台高拉斯（Protagoras）、喜庇亚斯（Hippias）和其余等人，认为他们最可耻之处乃在于对任何事物都抱怀疑。但新学园派却正以此做成一个教条，并当作一种主义来加以主张。……实则，如我在开始就说并一贯力主的，人类的感官和理解力纵然较弱，也不应该夺掉它们的权威，而应当供给它们以助力。"智者派否定一切知识的可能性，而柏拉图则否定感官为基础的知识。培根对二者都不能同意。对于这种不可知论，培根指出，尽管他们这样的观点"推进了理性对知识的要求"，但显然是"走得过远了"，以至于"对任何事物都不敢希望了解"，从而"削弱了理解力"。

由于柏拉图和亚里士多德在近代的权威地位使得他们成为培根批评的主要靶子，实际上，培根对很多希腊的哲学家都提出过批评。如他批评苏格拉底把哲学的注意力从自然哲学上移开；批评毕达哥拉斯学派"把哲学和一种较粗糙的、较笨重的迷信联结在一起"；指责希波克拉底是"瞎吹乱夸的人"，说"他的眼睛从来没离开过经验，但却什么都看不到"；责备盖伦"抛弃了经验的道路"，"杜撰了无根据的因果关系理论"；等等。

关于希腊哲学，培根不满的原因很简单，那就是，它们不能产生实际的效果。《新工具》第一卷第七十一条说：

> 我们所拥有的科学大部分来自希腊人。罗马的、阿拉伯的或后来的作者们所增加的东西是不多的，也没有多大重要性；而且不论所增加的是什么，也是以希腊人的发现为基础的。现在且看，希腊人的智慧乃是论道式的，颇耽溺于争辩；而这恰是和探究真理最相违反的一种智慧。这样看来，诡辩家这一名称，虽为那些愿被当作哲学家的人们轻蔑地抛回而转敬给古代修辞学者高嘉斯（Gorgias）、蒲鲁台高拉斯、喜庇亚斯和普拉斯等人，实也大可适用于这类人全体，包括柏拉图、亚里士多德、芝诺（Zeno）、伊壁鸠鲁、

笛欧弗拉斯塔斯和他们的继承者……以及余人在内。……这两种人在其他方面虽不相等，但同是论道式的，同是把事情弄成争辩，同是树立哲学宗派以至异端邪说而为之哄斗；所以他们的学说大部分只是"无聊老人对无知青年的谈话"。

这些人的哲学耽于空谈和争辩，而弱于实践和事功，只会夸夸其谈，于实际却无丝毫裨益，所以"他们永远是孩子，既无知识之古，也无古之知识"，虽"敏于喋喋多言"，但"不能有所制作"，"他们的智慧是丰足于文字而贫瘠于事功"。这些学问既非真理也无效果，又有何意义呢？

培根对经院哲学的批判同样激烈。实际上，经院哲学才是新知识面临的直接敌人。在《学术的进展》中，培根就充分批判了经院哲学的"内容空洞"，不过是些"荒谬的争论""空洞的问题"。他之所以花费大量的篇幅批判亚里士多德哲学，主要是因为亚里士多德哲学至今还在统治着经院哲学学者的头脑，并成为知识进步的首要障碍。这些所谓的学者们只知道从《圣经》和亚里士多德的著作中寻找灵感，却对身边的自然视而不见。于是，我们看到这样一种情况，"两千年来……各种科学都停立在原来的地方而几乎原封不动，不仅没有显然可见的增长，而且相反，只在最初创立者手中繁荣一时之后随即衰落下去"。与他们崇拜的古代权威相比，经院哲学不仅没有任何进步，而且他们"产生的教条却比诡辩派或唯理派还要奇形怪状"。培根说：

> 就现在情况而论，由于有了经院学者们的总结和体系，就使得关于自然的谈论更为困难和更多危险，因为那些经院学者们已经尽其所能把神学归成极有规则的一套，已经把神学规划成一种方术，并且还把亚

里士多德的好争而多刺的哲学相称地和宗教的体系糅合在一起了。

当你想反驳亚里士多德的时候，你发现自己面临教会审判的危险；当你想批判宗教的愚昧时，你发现自己要穿越亚里士多德的学说之网。亚里士多德哲学+宗教，就像是压在那些富有创新精神的心灵之上的两座大山，毋宁说一座大山，因为二者是合二为一的，成为科学发展和知识进步的最大的障碍和敌人。

不过，培根对古代的遗产并不是全盘否定的，他对前苏格拉底时期的很多哲学家都持赞赏的态度，如在批判亚里士多德以逻辑败坏了自然哲学的时候，说其哲学的这一缺点"和希腊人当中其他著名的体系一比就看得最明白"，如阿那克萨哥拉的种子论、留基伯和德谟克里特的原子论以及巴门尼德、恩培多克勒和赫拉克利特等人的学说，培根认为，"他们都有些自然哲学家的意味，都有些属于事物性质、属于经验和属于物体的味道"。此外，这些哲学家与柏拉图、亚里士多德等人的好辩不同，他们"较沉默地、较严重地和较单纯地——也就是说，带有较少的虚骄和炫示的意味——投身于对真理的研究"，可惜的是，"他们的事功却在时间进程中被那些有较多东西来投合流俗能力和嗜好的琐屑之辈所掩藏了"。

谬误的根源：四种偶像

无论是柏拉图还是亚里士多德，他们远不能对我们有所帮助，所以，我们要把他们的学说以及两千年来几乎所有的传统都要勇敢地抛弃和忘却。要想得到真理，创造新的知识，哲学必须展开一场革命。培根说："我们必须从基础上重新开始。"

但抛弃和忘却过去并不是简单的事情，我们要弄清他们之所以产生错误的根源，才能保证我们自己不犯类似的错误，从而走上正确的道路。错误的根源是什么？是我们心中的偶像。我们必须先破坏这些偶像，然后再踏上我们的征程。

偶像（idol）是什么？人们崇拜偶像是错把画像当成了实在，而学者们的偶像则是一些观念或思想，他们把这些观念或思想误认为是真实存在的事物。培根的偶像学说是他最伟大的成就，是他的思想中最闪耀的部分。孔狄亚克说，"没有人比培根更知道人类谬误的原因"。培根把人们心中的偶像分成四类：第一类是种族偶像，第二类是洞穴偶像，第三类是市场偶像；第四类是剧场偶像。

种族偶像根植于人类的本性之中。"因为人的感觉被错误地断言为事物的标准（如普罗泰哥拉说'人是万物的尺度'），正相反，人的一切知觉，不论是感官的还是心灵的，总是跟人有联系的，而不是跟宇宙相联系的；人的心灵正如一面凹凸镜，它接受光线不规则，于是就在反映事物时掺入了自己的性质，而使得事物的性质受到了歪曲和变形。"人类把自己的本性混杂到事物的本性之中，误以为事物的本来面貌就是种族偶像。

种族偶像有如下一些的表现："人类理解力依其本性容易倾向于把世界中的秩序性和规则性设想得比所见到的多一些。虽然自然界中许多事物是单独而不配对的，人的理解力却总爱给它们想出一些实际并不存在的平行物、连属物和相关物。由于这样，人们就虚构出一切天体都按正圆轨道而运动之说，而完全拒斥了螺旋线……"

另外，人们还常常受到自己先入之见的支配，自动地接受那些与这一先入之见相符合的现象，而无视那些相反的现象。

培根举了个例子：有一次，有些人把一个庙中所悬的许愿逃生者的画像指给某人看，问他还承认不承认诸神的威力。这人却反问道："不错，但那些许愿之后而仍然溺死的人又在哪里画着呢？"培根指出，只愿看到肯定的事例却无视相反的事例，这就是人的本性。

其实，一切迷信，不论占星、圆梦、预兆或者神签以及其他等等，亦都同出一辙。由于人们快意于那种虚想，于是就只记取那些相合的事件，其不合者，纵然遇到的多得多，也不予注意而忽略过去。

此外，人类还容易为"一些突然打入心中从而足以充填想象力的一些事物所引动"，人类的理解力"总不能停止或罢休，而老要推向前去"，容易受到"意志和各种情绪的影响"，只相信那些自己愿意相信的学说，等等，这些都是人类本性的缺陷。最大的缺陷来自人类的感官本身，它迟钝、不称职并具有欺骗性。

洞穴偶像出自个人。每个人从其经历、教育、社会背景、价值追求、习惯出发看待事物因而歪曲真相。所谓"洞穴"，就是每个人所属的那个范围、性情，它束缚着人的思维、歪曲着人们的认识，但由于人们久处其中而不知，所以误把自己的喜好当成实在。培根说："每个人都有自己的洞穴和窠臼，使自然之光折射而变色。"如"有的人极端地崇古，有的人则如渴地爱新"，有的人喜欢差异，于是所见万物各不相同，有的人喜欢一致，于是所有的事物都相似如一。鲁迅先生有段话，说明了不同的学识背景和经历所带来的不同，对于同一部《红楼梦》，"经学家看见了《易》，道学家看到了淫，才子看见了缠绵，革命家看见了排满，流言家看见了宫闱秘事"。这就是"洞穴偶像"。

第三种偶像被称为市场偶像，因为语言和文字的不确定和不严格而导致歪曲事物的真相。培根说："人们相信自己的理性管理着文字，但同样真实的是文字亦起反作用于理解力……且说文字，它一般地既是照着流俗的能力而构制和应用的，所以它所遵循的区分线也总是对那些流俗的理解力最为浅显的，而每当一种具有较大敏锐性或观察较认真的理解力要来改动那些界线以合于自然的真正的区划时，文字就拦在路中来抗拒这种改变。因此我们常见学者们的崇高而正式的讨论往往以争辩文字和名称而告结束。"培根这一批判是极为深刻的，他看到人类语言文字的局限性，破除了对语言文字的迷信，是他对哲学的一大贡献。他指出，语言文字造成的偶像有两种，一是实际并不存在的事物的名称，即人类虚构的却误以为真的概念；二是含义混乱、定义不当的名称。比如说"河神"，就是人们虚构出来的，并不存在；又比如"终极因""第一推动力""行星轨道""天球"等，这些都是凭空构成的概念。定义不当、不准的事例则比比皆是。这些东西无疑会歪曲我们对事物的认识，成为偶像。

　　第四种偶像是剧场偶像，"由各种哲学体系的'剧本'和走入岔道的论证规律所公然印入人心而为人心所接受进去的"。每一派哲学学说，都是一种系统、完整的世界观，就像是一部戏剧，其中的故事比日常生活中的故事要紧凑、严密得多。因此，每一种学说理论构建的世界，就像是戏剧精心营造的舞台。而我们却把舞台当成真实的世界。培根说："据我看来，一切公认的哲学体系都只不过是许多舞台剧，表现着他们依据幻想的、戏剧性的形式创造出来的一些世界……在这个哲学剧场的戏剧里，你可以看到和诗人在剧场见到的情况一样——这就是为舞台而虚构的故事，其真实，其典雅，其称心如意，远超过了历史上的真实故事。"因此，哲学家描述的世界就是哲学家构造的世界，而他们把自己构造的世界误认为是真实的世界。所以，哲学派别不同，就会有不同的"世界"。

这四种偶像存在于我们的理智之中，阻碍着我们对世界的认识。因为这些偶像的存在，"我们的论证不外是把世界做成人类思想的奴隶，而人类思想又成为文字的奴隶"，所以要坚决予以清除。培根说："我们必须以坚定的和严肃的决心把所有这些东西都弃尽摒绝，使理解力得到彻底的解放和洗涤；因为建立在科学之上的人国的大门正和天国的大门无甚两样，那就是说，没有人会走得进去，除非像一个小孩一样。"但是，我们能摆脱人类本性的限制，跳出自己的"洞穴"，拥有正确的语言，并摆脱任何理论的束缚吗？真的能像培根所说的像一个孩子一样吗？答案当然是否定的。培根所说的这些错误的根源我们一样都不能摆脱。但是培根第一次使我们认识到自身的局限，是有伟大意义的。20 世纪最伟大的科学哲学家卡尔·波普尔评论说：培根宣称谬误要由我们个人的缺点来解释。我们犯错误是因为我们固守我们的偏见，因为我们不睁开肉眼或者心灵之眼看一看明了的真理。……因此，培根的方法在于清除我们心灵中的偏见。正是不偏不倚的心灵，纯洁的心灵，消除了偏见的心灵，不会识别不出真理。……这个理论非常重要，它成了现代科学的奠基石。

这四种偶像是人们犯错误、科学不进步的内在原因，除此之外，我们还因为文化的、兴趣的、目标的等方面的原因而阻碍着科学的进步，对于这些原因我们同样也要予以揭露。

首先，我们要认识到，人类进入文明史的二十五个世纪以来，认真选拣一下，只有"6 个世纪是丰产科学或有利于科学发展的"。培根说："算来只有三次学术革命也即三个学术时期是可以正经算数的：第一期是在希腊人，第二期是在罗马人，第三期就是在我们也即西欧各民族了；而这三期中的每一期要算有两个世纪都还很勉强。……这样看来，科学进步之所以如此贫弱，首先可以恰当地说是由于过去有利于科学的时间极为有限之故。"

第二点原因是人们对自然哲学的兴趣不浓，"即使在人类智慧和学术最为发达的那些时代里，人们也只以最小部分的苦功用于自然哲学方面。而其实正是这个哲学才应被尊为科学的伟大的母亲"。罗马时期，哲学家们将自己的才智和思考用于伦理和道德，最优秀的人才投身于公共事务；而进入基督教统治时代以来，绝大多数人都献身于宗教和神学，而"科学不是被人忽视，就是受到阻碍"。

第三点原因在于即便是在学术昌明、科学发展的时期，那些从事科学的人也没有专心投入科学，"自然哲学即使在对它注意的人们中间，特别是在那后两个时期，也始终不曾拥有一个摆脱一切而全力从事的研究者，而一直仅仅被当作通到其他事物的便道和桥梁对待的。这样，这个伟大的科学之母就因横来的侮辱而被贬黜到仆役的职务上"。我们都知道，到中世纪以后，哲学成了神学的婢女，而自然哲学则成了其他学问的婢女，地位卑微低下。

第四点原因在于定错了目标。目标定错，无论你跑得多快，始终不能走上正路。科学正当的目标是什么呢？"科学的真正的、合法的目标说来不外是这样：把新的发现和新的力量惠赠给人类生活。"学者们把辩论和论道作为科学的目标，就不会发明正确有效的方法，当然会陷入空谈。

第五点原因是选错了路。培根说："谁要正确地把情况想一下，就会看到这样一件很令人诧异的事：从来竟不曾有一个人认真地从事于借一种布置井然的实验程序径直从感官出发来替人类理解力开辟一条道路；而竟把一切不是委弃于传说的迷雾，就是委弃于争论的漩涡，再不然就是委弃于机会的波动以及模糊而杂乱的经验的迷宫。"合理安排的实验才是唯一通向知识的道路，一切的思辨、传说、争论及个人的凌乱经验都不能带来可靠的知识。这里培根有一段重要的论述，是我们理解培根经验论关键段落。

> 这种经验，如果是自行出现的，就叫做偶遇；如果是刻意去寻求的，就叫做实验。但这种经验（偶遇）只不过是如常言所说的脱羁之帚，只不过是一种暗中摸索，一如处在黑暗中的人去摸触周围一切以希冀碰得一条出路；而其实他不如等到天明，或点起一支蜡烛，然后再走，要好走得多。真正的经验的方法则与此相反，它是首先点起蜡烛，然后借蜡烛为手段来照明道路；这就是说，它首先从适当地整列过的和类编过的经验出发，而不是从随心硬凑的经验或者漫无定向的经验出发。由此捕获原理，然后再由已经确立的原理进至新的实验。

第六，长期以来，人们从态度上轻贱科学，认为从事那些物质性的、实验的工作"有损人的尊严"，"以鄙视的态度加以排斥"，"因而最后就走到了这样一种地步：真正的道路不只是被放弃了，而竟是被锁断和堵绝了"。这是科学不发达的重要原因。

第七，崇拜权威，迷信古代，盲从流行观点也是导致科学不发展的重要原因。关于崇古，培根有段精彩的论说，值得我们认真思考：说到所谓古，人们对它所怀抱的见解是很粗疏而且无当于这个字眼本身的。因为只有世界的老迈年龄才算是真正的古，而这种高龄正为我们自己的时代所享有，并不属于古人所生活过的世界早期；那早期对于我们来说虽是较老，从世界自身来说却是较幼的。我们向老年人而不向青年人求教有关人类事物的更多的知识和较成熟的判断，因为老年人经验丰富，所见所闻所思想的事物都是多而且博，这是很对的；同样，我们也有理由希望从我们的这个年代——只要它知道自己的力量并愿表现出来——得到远多于古代所能得到的东西，因为它正是这个世界的较高年龄，其中已堆积和贮藏着许多实验和观察。……很明确，在我们的时代，当物质的地球的方域——就是说，大地、海洋以及星宿等方域——已经大开和敞启，而我们的智力的地球仍自封于旧日一些发现的狭窄界限之内，那实在是很可羞的了。

科学进步的另外一个大敌就是满足现状。"人们既把传给他们的东西当作早臻完美全备，就不复在其中寻求进步。"

科学的敌人很多，但迷信和对宗教的过度热情无疑是最凶险的。无论是希腊还是罗马，不敬神都被认为是一大罪恶。而到了中世纪，宗教成了真理的主宰。到了近代，人们对科学的探索仍然抱着宗教上的疑虑。培根精彩地分析了这些疑虑的原因：

> 由于某些神学家的鄙陋，任何一种无论怎样纯洁的哲学的通路都几乎全被封闭了。有些人是脆弱地害怕，唯恐对于自然更深入一步的搜求将会逾越所批准给澄心深思的界限，于是就不正当地扭曲并搬运《圣经》之言来反对那窥测神圣奥秘、探入自然隐微的人们，而不知这些并不为何种禁令所取缔。还有些较为精细的人则忖度并熟虑到一点，认为如果第二性的原因能不为人所知，则一切事物就能较便当地被归结到

神圣的手和杖上面去；这一点在他们认为是大有关于宗教的，而其实这无异是以谎言去媚悦上帝。又有些人根据过去的例子，顾虑到哲学中的运动和变化终将不免成为对宗教的侵袭。还有些人更是十分担忧，唯恐在自然研究当中会找到什么东西来推翻或摇撼宗教的权威，尤其在不学之人更甚。

这段文字，即使现在仍然可以用来说明宗教对科学的敌视态度。

如果学校的教育禁止学生自由思考，也无疑会禁锢科学的发展，培根说："科学则应如矿穴一样，从四面八方听到新事功和新进步的喧声。"

还有一种阻碍科学的重要因素，那就是人们缺乏信心，"总是想到自然之难知，生命之短暂，感官之富于欺骗性，判断之微弱无力，实验之难于进行"，等等。但是想想哥伦布吧，"他在进行横渡大西洋的惊人壮游以前就先说明他所以坚信必能于已知地域以外发现陆地和新大洲的种种理由，这些理由起初虽遭拒绝，其后终为经验所证实，并且成为许多伟大事业的前因和端始"。

总之，培根告诉我们，要注意我们本性的局限，看到自己所处的洞穴强加给我们的影响，尽量完善我们的语言、概念，避免成为思想的奴隶，那样我们就有了重新开始的资本。接下来，我们要定好我们的目标，那就是增进人类的力量，选择正确的道路，精心设计实验，避免崇拜古人和权威，既不自满，也不自卑，而是充满信心地踏上探索的征程，这样我们就离成功不远了。

新归纳法的史诗：培根的科学方法论

从古希腊以来，科学已经贫瘠了太久，主要是因为没有找到使自己肥沃的方法。学者们把自己的时间都用在虚假的理论和无用的争辩上。他们不愿对身外的自然投上那么一眼。培根说："人作为自然界的臣民和解释者，他所能做、所能懂的只是他在事实中或思想中对自然进程所已观察到的那样多……除此之外，他是既无所知，亦不能有所作为。"所以，我们要观察自然，从中获得经验。"新的发现必须求之于自然之光亮，而不能溯求于古代之黑暗。"我们只有认识了自然，才能征服自然。培根说：

> 人类知识和人类力量合而为一；因为如果我们不知道原因，就不能得到想要的结果。要支配自然就须服从自然。

这是一个伟大的宣言！知识就是力量！正是这句话把人类领入了新的时代，难怪有人说培根才是现代社会的真正奠基者。

但是，"自然的精微较之感官和理解力的精微远远高出若干倍，因此，人们所醉心的一切'像煞有介事的'沉思、揣想和诠释等等实如盲人暗摸，离题甚远"。我们必须借助工具，找到正确的方法。对于以往的科学，培根有一段脍炙人口的评说：

> 历来处理科学的人，不是实验家，就是教条者。实验家像蚂蚁，只会采集和使用；推论家像蜘蛛，只凭自己的材料来织成丝网。而蜜蜂却是采取中道的，它在庭园里和田野里从花朵中采集材料，而用自己的

能力加以变化和消化。哲学的真正任务就正是这样，它既非完全或主要依靠心的智力，也非只把从自然历史和机械实验收来的材料原封不动、囫囵吞枣地累置在记忆当中，而是把它们变化过和消化过而放置在理解力之中。这样看来，要把这两种机能，即实验的和理性的这两者机能，更紧密地和更精纯地结合起来（这是迄今还未做到的），我们就可以有很多的希望。

是啊！真正的科学家既不是只知道收集材料的蚂蚁，更不是凭空构想的蜘蛛，而是收集材料、消化材料而后又有所创制的蜜蜂。

培根强调实验的重要性，并告诉我们"不仅要谋求并占有更大数量的实验，还要谋求并占有一种与迄今所行的实验不同种类的实验；还必须倡导一种完全不同的、足以促进和提高经验的方法、秩序和过程。因为经验当它循着自己的轨辙漫行时，只是一种暗中摸索，只足以惑淆人而不足以教导人。但是一旦它能照着确定的法则，守着有规则的秩序，并且中途不遭阻挠而向前行进时，那么，知识方面许多更好的事物是大可希望的"。我们不能只是观察自然，而且还要在一定程序的规划下分解自然，甚至"把自然放在刑具上，逼她供出证词"。

培根的新归纳法

现有的方法并不能有助于我们对自然的认识，"正如现有的科学不能帮助我们找出新事物，现有的逻辑亦不能帮助我们找出新科学"。培根批评亚里士多德的三段论，认为它"不足以匹对自然的精微"，而且三段论本身就是建立在混乱的事实和草率的抽绎的基础上。同样，他的归纳法也不能为我们带来可靠的新知识，因为仅仅简单地枚举经验事实，不但漫无止境，而且毫无用处。只有事实并不能产生科学！培根说："那种以简单的枚举来进行的归纳法是幼稚的，其结论是不稳定的，大有从相反事例遭到攻袭的危险；其论断一般是建立在为数过少的事实上面。"可以举个例子。比如你到了一个村庄，首先遇到一个叫作李安的人，接下来又碰到一个叫李群的，后来又碰到一个叫李天的，你一连遇见了六个人都姓李，于是，你会觉得是不是这里的人都姓李？而这个村子里实际上还有很多其他姓的人。简单枚举式的归纳法显然不是科学的方法。

因此，我们需要新的归纳法，科学的归纳法。这种归纳法"以正当的排拒法和排除法来分析自然，有了足够数量的反面事例，然后再得出根据正面事例的结论"。总之，这是一种与普通归纳法完全不同的一种新归纳法，不仅要"用于发现原理"，"也要把它用于形成概念"。旧的归纳法往往只从少数的事实出发，就飞跃至普遍的原理，这是新的归纳法所拒斥的。培根说：

对于理解力切不可赋以翅膀，倒要系以重物，以免它跳跃和飞翔。

培根的归纳法不是服务于争辩，而是服务于研究自然，不是在辩论中击败对手，而是在实践中征服自然，"是要使理解力凭着真理来解析自然，来发现物体的性质和作用，以及在物质中显现出的规律和法则"。因此，科学归纳法的第一步工作就是收集事实。要收集事实就要观察，就要设计实验来获取事实。但自然的事实如此纷纭复杂，如果不进行适当的整理和安排，我们就会陷入事实的混乱之中，于是需要"按某种方法和秩序把事例制成表格和排成行列"；接下来就是最关键的一步，也就是为了得到原理，我们必须使用"真正的合格的归纳法"，这才是解释自然的真正钥匙。

在《新工具》中，培根亲自演示了如何利用归纳法来解释自然现象。他花了很多的篇幅详细记载了他对"热"的研究，为了能对培根的方法有直接的认识，我们简单地描述一下他的研究。

首先，在确定了研究的对象之后，要把所有已知的各种情形下具有这一现象的各种事例集中排列出来。培根研究热的现象，逐一列出了与热有关的二十八种现象。他把这个表称为"本质表"。

第二步，还应该检查那些缺乏这一性质的各种事例，也就是反例。但反例亦应是与正面事例有密切关联、相类似的事例。培根列举了没有热现象的三十二个事例（包括实验），这个表是"差异表"或"近似物中的缺乏表"。

第三步，"还必须把探究中的性质所表现为或多或少程度不同的一些事例列示在理解力之前"。这个表培根称为"各种程度表"或"比较表"。在"热的各种程度或比较表"中，培根列举了四十一种各种热的情形。

有了以上三个表，下面的事情就轮到归纳法来做了。培根的归纳法由一套程序或方法构成。归纳法的第一步工作（就发现规律来说）乃是要把那在某个事例中所与性质（要研究的那种性质，比如热）出现而它不出现的性质，或者那在某个事例中所与性质不出现而它出现的性质，或者那在某个事例中所与性质减少而它增加的性质，或者那在某个事例中所与性质增加而它减少的性质，一概加以排拒或排除。这是归纳法的第一步，也就是排除。这一工作做完之后，"在一切轻浮都化烟散尽之余，到底就剩下一个坚实的、真确的、界定得当的正面规

135

律"。

接下来要对排除后剩下的事例进行解释的尝试，培根称为"理解力的放纵"，或"解释的开端"，或"初步的收获"。这实际上已经初步完成了归纳法的工作，得到了某种规律或法则。通过以上的步骤之后，培根也得出了自己关于"热"的初步收获。

> 从上述全部和每一事例看来，有一个性质为热之所属而成为其特定情节，这就是运动。这在火焰中表现得最为明显，那是永远在运动中的。表现在滚沸或渐沸的液体中也是一样，那也是在不断运动中的。这还表现在由运动引起的激长和增加，例如在风箱和暴风之下的情形，这可参阅第三表，第29例；还有在他种运动下的情形，这可参阅第三表，第28、31两例……这就清楚地表明，热能够在一个物体内部的分子之间引起一种骚动、混乱和猛烈的运动，显然可见导向那个物体的解体。

有了这一初步的收获，经过进一步的分析和总结，培根最终得出了关于热的规律或法则：**热是一种扩张的、受到抑制的、在其斗争中作用于物体的较小分子的运动。**

我们应该对培根的这一研究给予最高的赞赏！从科学史的角度来说，培根关于热的研究得出了正确的结论，热确实是物质分子的运动，这个结论直到19世纪才有物理学家们予以最终确认。

不过，虽然培根的归纳法非常伟大，但在具体的自然科学研究中，科学家们却没有采取他的方法。因为现代自然科学是精确的科学，数学方法占有重要的地位。培根的归纳法的最大缺陷就是没有进行定量的、数学的研究，这使得他的方法完全脱离了自然科学研究的主流。但这并不影响培根归纳法的伟大，对此波普尔有一段非常中肯的评价：从理性的或者批评的观点看，培根并不是伟大的科学哲学家。他的著作粗略做作，矛盾百出，肤浅而不成熟。他的著名的颇有影响的归纳法理论，就他发展了它而言，与真正的科学程序毫无关系（伟大的化学家李比希指出了这一点）。培根从不理解哥白尼的，或者吉尔伯特的，或者他的同时代人伽利略和开普勒的理论方法。他也不理解数学观念对于科学的意义。然而，几乎没有任何一位现代哲学家能与培根的影响一比高低。甚至在今天许多科学家仍然把他当作他们的精神之父。

一位普通读者对《新工具》的评价

刚刚引用了几位伟大哲学家对培根《新工具》的评价，这无疑显得更具权威性。但是，他们的评价虽然精当准确，但毕竟很难为普通读者所体认，因为那毕竟需要深厚的哲学史的背景才能真正理解他们的评语。对于大多数普通的读者来说，他们阅读培根的《新工具》大不必搞清书中涉及的哲学史问题。因为这个理由，笔者愿意引用一段普通读者的评价，看看他们阅读《新工具》的体会，我想会有更广泛的代表性。这段文字来自因特网，自身就是相当精彩的文章，现摘引如下：

> 培根不愧是培根！向来枯燥生硬、令人生畏的哲学著述在他笔下竟文采斐然，妙趣横生，让人难以释卷（这自然多半还要归功于许宝骙先生的神似译笔）。序言的文句仍是较为复杂而雕琢的"散文体"（一如《论说文集》），但绝不繁复拖沓，故弄玄虚……
>
> 不仅如此，培根式（多为讽刺性）的妙喻连连

（《论说文集》中亦比比皆是）更是为本书增色不少。书中最著名的当然是"蜂"喻："历来处理科学的人，不是实验家，就是教条者。实验家像蚂蚁，只会采集和使用，推论家像蜘蛛，只凭自己的材料来织成丝网。而蜜蜂却是采取中道的，它在庭园里和田野里从花朵中采集材料，而用自己的能力加以变化和消化。哲学的真正任务就正是这样，它既非完全或主要依靠心的智力，也非只把从自然历史和机械实验收来的材料原封不动，囫囵吞枣地累置在记忆当中，而是把它们变化过和消化过而放置在理解力之中。"

....

我个人最喜欢的还是培根的"酒"喻："现在在科学的问题上，别的人们，古代的也好，近代的也好，都是喝着像水一样的未经提制的饮料，有的是自发地涌自理解力，有的是为逻辑所抽起，像用辘轳汲取井水一般；而我所举以祝福人类的杯酒则是从无数葡萄滤出的，那些葡萄都是当熟到恰好的时候一簇一簇被摘下来，聚在一起，在压榨器中将汁挤出，最后还在大桶中加以醇化和净化。"

无论如何，培根的书历久弥新，带来的不仅是认识上的丰富和深化，更是阅读中的美感和快感。时至今日，……培根已很少有人再读。然而，以培根为代表的英国经验哲学传统诉诸生活常识，看似浅易粗陋，却始终洋溢着健康蓬勃的生命之力。

读罢掩卷，想起四百年前，培根，这个睿智而不无尖刻的可爱老头正是为了实践他在《新工具》中提出的经验归纳方法，而在实验中染疾身亡，不禁心头黯然。透过书页的字里行间，分明还能看到他当年纵横捭阖、激扬文字时的神采飞扬，永远定格其中。

四、科学乌托邦

新大西岛的传说

这个故事讲的是一些打算到中国和日本去探险的航海者的神奇经历。"我们在秘鲁待了整整一年。从那里，我们满载了十二个月的粮食，沿南海驶向中国和日本。我们乘着柔和无力的东风航行了五个多月。后来风向一转，吹起了西风，接连许多天我们几乎寸步难行，有时就打算返航。紧接着风向又变了，这次刮起了猛烈的稍偏东的南风，我们只能听任大风将我们带向北方。这时，一直省吃俭用的粮食也没有了。在浩瀚的大海上断了粮，我们完全失去了希望，只有等死了。"然而，就在他们绝望之际，他们发现了一块神奇的陆地和一个美丽的城市。正当他们满心欢喜准备上岸的时候，却被岸上来的人告知不得上岸，但可在原地等候救治和补给。后来他们终于得到准许登陆，并得到了友好、妥善的安置。于是，在接下来的几十天里，这些外来者逐渐了解了这个国度的秘密。

这个岛上专门负责接待外来人口的负责人告诉他们说："我们本撒冷岛（Bensalem，当地语言对这个地方的称呼）与外世隔绝，很少允许外乡人入境，我们外出的人根据法律也要保守秘密，所以我们十分了解大部分世上有人居住的地方，自己却不为人所知。"尽管如此，这位负责人接下来在隐瞒了一些内容的基础上讲述了自己国家的一些过去："一千九百年前，有个国王统治着这个岛屿。一直到现在我们对他都极为尊重，这不是出于迷信。他是个凡人，但我们把他当作神。他叫所拉门纳（Solamona），我们尊他为国家的立法者。这位国王宽厚仁慈，一心向善，全心全意致力于为国家和人民谋幸福。……想一想如今这片幸福繁荣的景象，他觉得，让国家衰退的方法可能多如牛毛，让国家兴盛的方法却如大海捞针。他认为，自己的英雄般的崇高目标已经接近完美，下面需要做的只是使他那恰如其分的建制永垂不朽，这在当时已经达到了人类认识的最高水平。……在那个国王的丰功伟绩中，有一件最引人注目：他建立了我们称为萨罗门学院的机构。我们认为这是世界上自古以来最崇高的机构，是指引这个国家前进的灯塔。其致力于研究上帝的作品。……他建立此院的目的是找出万物的本质，上帝创造万物，获得了荣耀，人类则利用万物获取果实。"

新大西岛上的科学活动

在这个国度里，萨罗门学院是最重要的政府机构，而萨罗门学院的院士则享有最高的荣耀和地位。《新大西岛》最重要的一段文字就是对萨罗门学院的描述，那些即使对培根极为挑剔的人也不得不承认"人类著作中再难找到一段文字，其精深与澄明的智慧没有比这更光彩夺目、卓尔不群的了"。正如美国哲学家杜兰特指出的，在这段伟大的文字里，没有政治家、候选人、政党，没有谎言、演讲和选举。萨罗门学院从事的主要工作是"了解事物的生成原因及运动的秘密；拓展人类帝国的边界，实现一切可能实现之事"。

这里有深达几英里的深井，"用于各种物体的凝结、固化、冷冻和保存，仿造天然矿物，并利用埋藏多年的常用合成物及其他材料在那里炼出新金属"，"有时还用于治疗疾病，延年益寿"；有建在高山之上的塔楼，"分别用于曝晒、冷冻和保存，还用于观察各种天文现象，如风、雨、雪、冰雹及雷电"；他们有淡水湖和咸水湖，"用于饲养鱼类和禽类"，还有"水流湍急的河流和瀑布，可以提供多种动力，也有增大风力的机器，带动各种机器运转"；那里有各种泉池，含有"硫酸、硫黄、钢、铜、铅、硝酸钠及其他矿物质"，"对健康和延年益寿有特效"；他们还有"宽敞的大型实验室"，进行模仿气候和生物成长的实验；有"大片的各式各样的果园和花园"，进行野生树种和果树的嫁接与培育实验，增产增收，并改良品种；他们解剖动植物，试图"弄清可能发生在人体上的病症"；他们甚至"在动物身上实验所有毒药和其他药品，也给它们做手术"，改变它们生长的速度、行为和物种，并养殖特殊用途的昆虫；他们研究各种食物，酿制各种饮料，这些食物和饮料美味可口，营养丰富，适于消化吸收，具有保健的功效；他们还泡制和合成各种药物，他们有更丰富的动植物品种，也就有更为繁多的草药、药物，采用精细的蒸馏器和分离机来加工和制作药物。他们有极为发达的机械制造技术，制成各种民用商品和非民用商品。

他们有光学实验室，"演示所有的光线和颜色"，"展示视觉在判断形状、大小、运动、颜色方面的幻觉和错误"，"能仿造出各种物体放出的光线"；他们有办法让"近处的物体看起来遥远，让遥远的物体看起来近在眼前"，甚至"能够完全看清楚细小的物体，如苍蝇与昆虫的形状和颜色以及宝石的纹路和瑕疵"，"人造彩虹和光环，把物体发出的可视光线进行各种反射、折射和加强"。他们的声学实验室"用于模仿和演示所有的声音及发声过程"，"演示并模仿所有清晰的语言以及兽类和鸟类的声音"，"助听器戴在耳朵上能够进一步提高听力"，而"种种奇异的人工回音器能够多次反射声音，反射出的声音有的比声源更响亮，有的比声源更尖细"；气味实验室则进行"味觉实验"，可以"加重气味"，可以"仿制气味"。他们甚至还有发动机实验室，"提供各种动力的机器和工具"，"我们模仿飞鸟，已能在空中做某种程度的飞行。我们的船能在水下航行并能远洋航行"；他们还进行数学实验，并通过迷惑感官的种种实验以揭露骗子的把戏。

萨罗门学院的院士们也各有其责，其中十二人要远赴海外搜集书籍、文摘与实验方法，他们被称为"光明商人"；三人收集书中的实验，是为"掠夺者"；三人收集所有的实验，包括机械技术、人文科学，是为"技工"；三人进行他们认为有益的实验，是为"拓荒者"；三人把上述各种实验汇集起来，制成表格，以便从中得出原理，是为"编辑"；还有三人致力同事的实验，以便有益事功，增进对自然的理解，是为"资助者"；在开会协商讨论之后，则有三人指导更高层次的新实验，更深入探讨事物本质，是为"明灯"；接着有三人按照"明灯"的指示进行实验并报告实验结果，是为"接种者"；最后三人把前面所有的发现提升为更高的原理，是为"自然的解释者"。院士之下，还有大量的男女仆人和侍从，也有新手和学徒。在法律和制度上，"我们有两条长长的画廊，非常漂亮。一条画廊里陈列着各式各样稀奇杰出的发明，另一条里陈列着所有主要发明家或发现者的塑像。那里有你们那位发现了西印度群岛的哥伦布塑像，还有船只发明人、你们那位发明了大炮和火药的和尚、音乐发明人、文字发明人、印刷术发明人、天文观测的创始人、金属工具发明人、玻璃发明人、蚕丝发现者、酒类发明人、粮食发明人和糖类发明人。所有这些都比你们要有确凿的传统依据。我们也有好多自己的发明家和杰出的发明……对于每一个有价值的发明，我们都要为发明者塑像，在精神和物质上给予重奖。……最后，我们要多次巡视全国各个主要城市，那时，我们的确会公开我们认为合适的有用发明。"

科学技术与人类希望

培根的《新大西岛》的一个主题就是科学技术为人类带来的希望。培根一直在宣扬"知识就是力量"，而有了力量才会有希望。《新大西岛》中的本撒冷岛就是人类的希望所在。岛上的人们因为拥有发达的科学技术而获得自由与幸福，而没有这些知识，就像是培根在开篇描述的那些航海者，只能听凭大自然对自己的命运进行摆布。因此，对于这些航海者来说，本撒冷国就象征着科学为人类提供的希望。这种希望甚至比上帝更加值得依靠。科学技术带来什么样的希望？看看这些航海者在本撒冷的感受吧。"没有了灭顶之灾，我们现在成了自由人，生活得快快乐乐。我们出去到市里看了看，熟悉了市里的诸多方面。我们发现，这个高贵的城市充满着博爱和自由……这足以让我们忘却我们在祖国难以舍弃的一切。……若世上有一面值得世人仰望的镜子，那就是这个国家。"

科学技术的发达会消除人类的各种"灭顶之灾"，这意味着对自然的征服。征服了自然，人类才获得自由，生活才变得快乐。而且，科学技术的发展并不导致道德堕落和腐坏，在那个城市里"充满着博爱和自由"。这种前景使得这些欧洲航海者忘记了自己的祖国，也就是当时的欧洲现状。是啊，如果人类最终能得到征服自然的力量，那终究是最值得人们向往的。

《新大西岛》不仅是培根本人一生信念的代表，也代表人类理性力量的自我觉醒。哲学家波普称培根为"新的工业和科学社会的预言者"。

　　培根就是现代科学的精神之父。不是由于他的科学哲学和他的归纳法理论，而是由于他是一种理性主义宗教——一种反宗教的创立者和预言者。这个宗教不是建立在坚固的基础上，而是建立在一个科学和工业的社会——一个以人类征服自然为基础的社会——的空想和允诺上。培根的允诺是人类通过知识而自我解放的允诺。在他的乌托邦《新大西岛》中，培根描绘了这样的社会。

　　培根对于辉煌的、即将到来的科学未来的允诺对英国的科学和英国工业革命都具有巨大影响——这场工业革命首先蔓延到欧洲，后来蔓延到美洲甚至全世界，它真正地把世界变成了培根式的乌托邦。

培根的另一面：培根关于科学技术的一些警告

　　在希腊罗马的神话中，普罗米修斯用泥土造出了人类，并为人类盗取了火种。由于普罗米修斯蔑视天神朱庇特，又犯下了盗火等罪行，因此受到朱庇特的惩罚，被锁在高加索山上，每天经受老鹰啄食他的肝脏。普罗米修斯是人类的创造者，又犯下天条为人类盗取火种，但人类不但不感激，反而向朱庇特指控普罗米修斯和火，因而讨得了朱庇特的欢心。这一点似乎极为怪异。培根问道："对自己的造物主忘恩负义的罪行包括了其他许多罪恶，难道这种罪行值得嘉奖吗？难道这就是故事要表达的意思吗？"答案显然是否定的，因为我们很难想象故事的作者会赞赏这样的罪恶行为。在培根看来，"寓言的意思

144

是，人类以健全的理智控诉了自己的本性和技艺，获得了好的结果"，而"有人大肆赞扬人类的本性和先行的技艺，有人则对自己拥有的东西沾沾自喜"，他们既不尊重自然，狂妄自大，又认为再无追寻的必要，所以也无益于进步。培根批评了统治他那个时代的亚里士多德学说的保守性。

> 那些指控本性和技艺的人却满腹牢骚。仔细想一想，他们不仅更为谦虚，而且永远积极向前，做出新的发现。这使得我对某些人的无知邪恶倾向疑惑不解，为何他们骄傲自大，心中只有逍遥学派的哲学，虽然那不过是希腊哲学中的一小部分。谁要敢挑这一学说的毛病，不仅没有好处，还会得到怀疑和憎恶。我很赞同疯狂的恩培多克勒和冷静的德谟克里特，他们抱怨说，万事万物都对我们深藏不露，我们一无所知，一无所察，真理总是埋藏于混乱之中，真理与谬误奇怪地交织在一起。在我看来，比起自命不凡教条式的亚里士多德学派，他们二人更应受到赞同。……人类对造物主的控告虽然有点尖刻猛烈，但这样做总比一味地歌颂他的伟大更加理智和有益。应该让人知道，自满是匮乏的主要原因。

在有关普罗米修斯的神话中，还有一个极具象征性的人物，那就是潘多拉。为了惩罚普罗米修斯及其创造的人类，天神朱庇特命火神沃尔坎造出一个美丽少女，她得到众神给予的种种礼物，因此得名潘多拉，意为"众神的赐予"。美貌的潘多拉手持装满灾祸的花瓶来到普罗米修斯那里，遭到拒绝，但她迷惑了普罗米修斯的弟弟埃庇米修斯，后者打开了花瓶，放出了其中的灾祸，如疾病、嫉妒、仇恨、阴谋等，却把希望留在其中。培根认为，潘多拉的故事明显指向人类道德和生活状况。美女潘多拉象征着人类的享乐和肉欲。国家的富足和科学文化的发展似乎催生了享乐，由此产生了人类的各种灾祸，甚至带来了战争、内乱和暴政，这一切都是因为欲望而引起。此外，就人生来说，埃庇米修斯和普罗米修斯兄弟二人也很有代表性，前者代表享乐派，"今朝有酒今朝醉"，没有远见，因此势必遭受更多灾难，但他们醉生梦死，倒也少了很多痛苦；后者代表禁欲派或理智派，他们谨慎明智，因此能避免各种不幸与罪恶，但他们操劳焦虑，生活过得却是疲惫不堪。培根略带遗憾地说，极少有人能同时具备这二者的优点，"既能高瞻远瞩，又能摆脱忧虑和烦恼……既要有恒心和毅力来面对任何情况，又要智勇双全。……值得注意的是，普罗米修斯并非天生具有这些优点，而是后天形成的。它来自遥远的海洋，来自太阳神的智慧，来自对变化无常的人类生活的沉思，而人类生活就是航海。"

培根的《伊卡罗斯的飞行；斯库拉和卡律布狄斯；或中间道路》这篇文章虽然短小，但包含了很深刻的智慧，值得我们细细品味。神话里的伊卡罗斯有一对由蜡粘合而成的翅膀，所以他的父亲提醒他在飞行时不要太高，也不要过低。太高翅膀会使蜡被太阳烤化，而太低则因为水汽而使蜡失去粘合力。伊卡罗斯没有将父亲的忠告放在心上，向高处飞去，结果一头栽了下来。因此，伊卡罗斯的飞行就代表道德上的中庸之道。在人生的很多领域，我们都要牢记伊卡罗斯的教训，记住培根的忠告："美德之路不偏不倚落在过分与不及之间。"

在《论古人的智慧》中，有几篇关于科学与技术的文章，笔者认为是本书中最重要的几篇文章，包括《亚克托安和彭忒乌斯与好奇心》《俄狄浦斯或哲学》《代达勒斯或技工》《厄尼克托尼俄斯或欺骗》《阿塔兰特或利益》《斯芬克斯或科学》。

这几篇文章之所以重要，是它们让我们认识到一个更为深刻、睿智的培根，一个不仅赞美科学技术，同时也提醒我们慎用科学技术的"更加现代"的培根。

希腊神话中有一个叫作斯芬克斯的怪兽，它长着美丽少女的头，却有着狮子的身躯和鹰的利爪。它常常藏匿于路边，突然跳出来捉住过往的行人，然后提出一些让人费解的谜题。如果这些可怜的人不能正确回答问题，就会被它撕成碎片。忒拜人感到极大的恐慌，公开悬赏能答出斯芬克斯之谜的人，并承诺如果他解出了斯芬克斯之谜（这是唯一降伏它的方法），就让他当忒拜的国王。机智聪慧的俄狄浦斯决定试一试，并最终答出了斯芬克斯的谜题。培根认为，斯芬克斯"明显在暗指科学，特别是能用于实际生活的科学"。那些无知的人对科学感到不可思议，因此称之为怪物。培根说：

> 在外观上，科学具有多种形体，暗示它研究各种物质。它长着女人的脸和嗓子，说明它外表美丽。翅膀表明科学及其发现会立刻传遍国内外，知识的传播像一支蜡烛点燃另一支蜡烛，后者马上就亮了起来。把尖利钩状的爪子说成是科学的特征相当形象，因为科学的公理和论证穿透并牢牢控制住大脑。另外，所有知识都位于山峰之上，因为它们理应受到尊重，成为崇高的东西。它站在高处蔑视无知……再者，斯芬克斯向人类提出它从缪斯那里得到的各种疑难问题和谜语。这些问题若在缪斯手中可能不会那么残酷。只要沉思和探索的目的在于求知，思维就不会受到压制或陷入困境，它可以自由联想，在不确定的结论和多种选择中发现乐趣。但从缪斯到斯芬克斯那里，就是从沉思到了实践，就必须立即采取行动，做出选择，

此时，问题开始让人头疼和残酷。

　　……我们恰巧发现，不知是有意为之还是突发奇想，奥古斯都用斯芬克斯的图像作印章。他的确最善于政治谋略，在生活中曾恰到好处地成功解决了很多关于人性的谜。如果当时没有老练地立即处理这些谜的话，他将会有好多次面临毁灭的危险。寓言还巧妙地讲道，斯芬克斯死后，尸体由驴子驮着，因为知识一旦公布于众，让世人明白，也就不那么复杂深奥了。

毫无疑问，培根的这些认识即便是以当代的眼光来审视，也不显得过时。他崇尚科学与知识，把科学视为"崇高的东西"，看到"只要沉思和探索的目的在于求知，思维就不会受到压制或陷入困境"。这与我们熟悉的培根非常一致。但是，培根在鼓吹科学理性的同时也提醒我们，不要过分陶醉于我们的科学理性所获得的成就，要认识到自己的不足和缺陷，从而保持一种谦虚的态度。这种谦虚的态度要求尊重自然，不要以为自己已经洞悉了她所有的奥秘，另外一个要求是要尊重神性（《普罗米修斯或人类的状况》），不要以为凭借科学就可以掌握神的奥秘，亚克托安和彭忒乌斯的命运就表明了这一点，前者因看到了雅典娜的裸体而被变成了鹿，被自己的猎犬所撕碎，后者则因为偷窥酒神的秘密而致疯（《亚克托安和彭忒乌斯与好奇心》）。

关于技术，培根提出了谨慎对待的观点。在希腊神话里，代达勒斯（Daedalus）是一位杰出的天才，能造出各种精巧奇妙的器械以及宏伟壮观的建筑，因此成为技术之神。尽管他建造了很多伟大的技术与工程，"但真正让他闻名遐迩的则是其不道德的发明创造"。如他为克瑞忒国王弥诺斯的妻子设计了一个装置，能满足她对一头健美公牛的情欲，从而生下了牛首人身的怪物，为人类带来灾难。代达勒斯因此受到弥诺斯的追捕。培根看到，"技术具有两面性，既可用于伤害也可用于治疗"。"另外，技术的不当应用与技术本身常常受到弥诺斯即法律的追求，后者对它们会施以刑罚，禁止人们使用。然而，这些技术被人隐藏起来，它们到处都可找到爱好者和藏身之地。"培根提出了"知识就是力量"，号召人们利用知识和技术来征服自然、改造自然，因此很多人把培根视为一个"暴徒"。不知这些人如果读了培根的《厄尼克托尼俄斯或欺骗》会有什么感想？这篇文章很短且极为有趣，集中表达了培根对技术的看法。培根在文中说：

> 诗人告诉我们，火神伏尔坎（Vulcan）追求智慧女神密涅瓦，他当时欲火中烧，试图强暴她。在接下来的厮打过程中，他的精子散落在地上，由此诞生了雅典国王厄尼克托尼俄斯。厄尼克托尼俄斯上半身风流倜傥，但双腿畸形瘦弱，如同鳝鱼。意识到自己身体的缺陷，他发明了马车，这样可以炫耀英俊的上身，掩饰丑陋的下身。

> 这个令人惊奇的故事似乎暗含着如下的寓意。大量利用火来工作的伏尔坎表示技术，密涅瓦由于其创作中的智慧用来表示自然。技术意图通过暴力迫使自然就范，达到征服自然的目的，这种努力常常达不到目的。但在谋划实践过程中，即在厮打过程中，会附带产生一些怪胎和豆腐渣产品。……他们宁愿与自然厮打，也不愿通过足够的细心和观察赢得自然的芳心。

众所周知，20世纪以来，人们开始认真反思科学技术给人

149

类命运带来的影响，对科学技术带来进步的观点重新加以审视。这似乎成为思想界的潮流，于是人们开始重新研究卢梭的著作，而尼采和海德格尔等人的思想也越来越为人们所重视。似乎这些人是对科学技术之局限性认识最为深刻的思想家。但是，我们已经看到，早在四百年前，培根就明确表达了类似的观点。他不仅是现代事业的最重要的奠基者，也是对这一事业之局限性最早有所洞察的先知。而且更重要的是，培根在揭露批判现代事业缺陷的时候，并没有因噎废食，以放弃理性主义为代价，而是相信人类能凭借自己的理性力量来战胜现代事业中出现的困难，这才是培根真正超越绝大多数思想家的地方，是他最伟大的地方！

附　录

年　谱

1561 年　1 月 22 日，培根出生，是尼古拉·培根八个孩子中最小的一个。

1573 年　和哥哥安东尼一起进入剑桥大学三一学院。

1576 年　获准进入格雷律师学院（Gray's Inn）。

1577~1578 年　培根跟随阿姆亚斯·鲍莱爵士去了法国。

1579 年　培根的父亲尼古拉·培根去世；培根回到英格兰；同年，哥哥安东尼到国外旅行。

1582 年　培根成为格雷学院的外席律师（Utter Barrister）。

1583 年　培根进入伊丽莎白的第五次国会。

1584 年　写成《致伊丽莎白女王的建议信》。

1586 年　10 月 29 日，成为伊丽莎白第六次国会的议员。

1588 年　11 月 12 日，成为伊丽莎白第七次国会的议员。

1589 年　培根得到星法院书记一职的候补权，但这一职位二十年后才出现空缺。

1593 年　成为伊丽莎白第八次国会的议员。培根在一次演说中反对补贴金动议，被禁止与女王见面。

1593~1594 年　培根谋求检察长一职未成，转而申请副检察长，仍然未成。

1595 年　埃塞克斯赠送培根一块价值 1800 英镑的地产。

1597 年　《论说文集》第一版发表。10 月 24 日，成为伊丽莎白第九次国会议员。

1598 年　培根因为债务被捕。

1601 年 埃塞克斯叛乱；培根参与审判，埃塞克斯被处死；安东尼去世，享年 42 岁。

1603 年 3 月 24 日，伊丽莎白女王去世，享年 70 岁，在位 45 年。7 月，詹姆斯一世加冕。培根大约在这个时期开始写作《学术的进展》。陷入债务危机。

1604 年 3 月 19 日，在詹姆斯召开的第一次国会期间，培根不断被选为下院发言人与上院商谈。同年，培根被正式任命为国王顾问。

1605 年 《学术的进展》出版；培根建议大法官编纂大不列颠史。

1606 年 与艾莉丝·巴恩汉姆结婚。

1607 年 被任命为副检察长。

1608 年 补缺星法院书记官一职。大约这时开始写作《新工具》。

1609 年 培根被选为下院发言人向国王提交请愿书。

1610 年 伽利略改善望远镜并发现木星的卫星。英国人了解了开普勒定律。培根站在国王的立场劝说议会不要讨论国王的某些特权问题。培根母亲去世，享年 82 岁。

1611 年 国王詹姆斯承诺为培根保留检察长一职。

1612 年 《论说文集》第二版出版。

1613 年 被任命为检察长。考克成为枢密院顾问。开始写作《新大西岛》。

1614 年 成为詹姆斯第二次国会的议员。耐普尔发明对数。

1615 年 结识 23 岁的宠臣乔治·维力尔斯。

1616 年 6 月 9 日，培根成为枢密院顾问。

1617 年 成为掌玺大臣。后因反对考克之女和白金汉兄弟之间的婚姻而冒犯白金汉，不久得到原谅；白金汉开始影响培根对某些诉讼的判决。

1618 年 白金汉成为侯爵；一个星期之后，培根成为大法官；不久又获封维鲁兰男爵。

1620 年 10 月，《新工具》出版。

1621 年 1 月，培根被封为圣阿尔班斯子爵。1 月 30 日，詹姆斯召开第三次国会，培根被控接受贿赂；开始调查培根受贿，培根病倒。4 月 30 日，培根递交悔过书。6 月，被囚伦敦塔，不久被释放。10 月，完成

《亨利七世史》；因为拒绝出售约克府给白金汉而被疏远。

1622 年 培根同意转让约克府给白金汉，因此获得白金汉帮助得以进入伦敦；国会被解散；《亨利七世史》出版。

1623 年 写作《生与死的历史》，完成《亨利八世史》片段；维力尔斯被封为白金汉公爵。

1625 年 3 月 27 日，詹姆斯一世去世；《论说文集》第三版出版。

1626 年 4 月 9 日，培根去世，终年 65 岁。

主要著作

1. Bacon, Francis. Edited by James Speadding, Robert Leslie Ellis, Douglas Denon Heath. *The Works of Francis Bacon*. 1858–1874.

2. Bacon, Francis. Edited by Basil Montagu. *The Works of Francis Bacon*. 1884.

3. 培根著，李瑜青编：《培根经典文存》，上海大学出版社，2006 年。

4. 培根著，许宝骙译：《新工具》，商务印书馆，1984 年。

5. 培根著，何新译：《培根论人生》，上海人民出版社，1983 年。

6. 培根著，水天同译：《培根论说文集》，商务印书馆，2008 年。

7. 培根著，刘运同译：《学术的进展》，上海人民出版社，2007 年。

8. 培根著，李春长译：《论古人的智慧》，华夏出版社，2006 年。

9. 培根著，汤茜茜译：《新大西岛》，上海三联书店，2005 年。

10. 培根著，何新译：《新大西岛》，商务印书馆，1959 年。

参考书目

1. G. Walter Steeves. *Francis Bacon*, Methuen & CO. LTD., 1910.

2. Edwin A. Abbott. *Francis Bacon, an Acount of his Life and Works*. Macmillan and CO., 1885.

3. B. G. Lovejoy. *Francis Bacon, A Critical review of his life and Character.* T. Fisher Unwin, 26 Paternoster Square, 1888.

4. A. R. Skemp. *Francis Bacon.* T. C. & E. C. Jack, Dodge Publishing CO., 1888.

5.［英］法灵顿（Benjamin Farrington）著，张景明译：《弗朗西斯·培根》，三联书店，1958 年。

6. 余丽嫦著：《培根及其哲学》，人民出版社，1987 年。

7. 苏宁著：《启蒙人格——培根》，长江文艺出版社，2000 年。